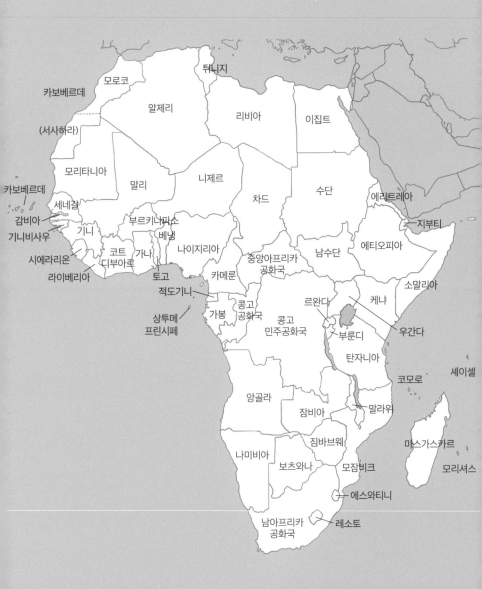

있는 그대로 르완다

있는 그대로 르완다

엄소희 지음

초록비책공방

제노사이드, 그 이후

"아프리카의 르완다라는 나라에서 사업을 하고 있어요."

2018년 르완다의 수도 키갈리에 외식업 매장을 연 이후 나를 소개할 때마다 르완다는 나의 또 다른 이름표가 되었다. 르완다에서 사업을 하고 있다고 하면 10명 중 2~3명은 아예 르완다라는 나라를 모른다는 반응을 보인다. 어느 대륙에 붙어 있는지, 이름이 르완다인지 우간다인지 듣고 나서도 기억하지 못한다. 나머지 중 5~6명 정도는 "거기 내전이 있는 나라 아닌가요?"라고 되묻는다. 과거 참혹했던 제노사이드를 뉴스나 미디어에서 접한 사람들도 있고, 막연하게 아프리카 나라들은 여전히 내전 중이고 위험하다고 생각해 말하는 사람들도 있다.

솔직히 말하면 나 또한 이 일을 시작하기 전에는 르완다에 대해 잘 알지 못했다. 해외봉사로 아프리카를 경험하기 시작했고, 수년 간 머무르며 만난 사람들이나 쌓아온 경험들을 남기고 돌아서기가 아쉬워 아프리카라는 키워드를 계속 붙들고 있었다. 사업을 구상할 때만 해도 르완다를 염두에 뒀다기보다는 사하라 이남 나라 중 비즈니스 환경이 좋은 곳을 고르려는 생각 정도만 있었다. 르완다는 그 후보지 중 하나였을 뿐이었다.

2017년 7월에 동부 아프리카 몇 개 나라를 골라서 시장조사를 돌았는데 그때 처음 르완다에 방문했다가 짧은 시간에 깊이 빠져들었다. 르완다 사람들은 친절하고 사람을 대할 때 예의를 갖춘다. 도시 규모는 작았지만 깨끗하고 잘 정돈되어있었다. 시장이 작고 인프라가 미비했지만 그만큼 작은 규모의 사업을 실험하고 안착하는 데는 안성맞춤이라고 생각했다.

무엇보다 가장 큰 울림이 있었던 것은 제노사이드 기념관이었다. 제노사이드의 전후 맥락을 보고 나니 르완다 청년들과 함께할 수 있는 일을 해야겠다는 의지가 강해졌다. 르완다는 세대 간의 단절이 극명하다. 제노사이드에 많은 사람이 학살당했고 많은 고아가 보육 기관이나 이웃에 맡겨져 자라났다. 사회 구조에서 가장 기본이라 할 수 있는 가정부터 무너진 상태였고 이후 사회 구조가 복구되는 데도 어느 정도 시간이 걸렸기 때문에 현재 20~30대의 르완다 청년들은 가정과 사회의 울타리를 제대로 경험하지 못했다.

단순히 어떤 사명감만 가지고 르완다를 선택한 것은 아니었다. 환경 조사를 하는 가운데 잘 갖춰진 통신망과 전자정부 시스템, 비즈니스 친화적인 제도 등을 발견할 수 있었고, 실제 비즈니스를 실현하는 데 접근성이 좋다고 판단한 이유도 있었다.

함께 일하는 청년들을 더 이해하고 싶어서, 하고 있는 일(르완다의 현지 음식을 다루는 일)을 더 잘 소개하고 싶어서 꾸준히 사람들에게 묻고, 배우고, 공부하고 있다.

이 책이 르완다에 이제 막 관심을 가지거나 다양한 문화권에 관심을 가지고 있는 사람들이 어렵지 않게 르완다를 이해할 수 있는 길잡이가 되기를 바란다. 부디 이 책을 읽는 사람들에게 짧은 르완다 여행을 선물할 수 있다면 좋겠다.

2부 르완다 사람들의 이모저모

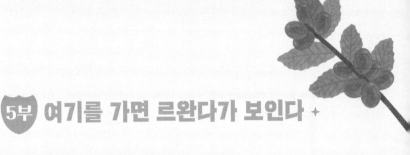

5부 여기를 가면 르완다가 보인다

퀴즈로 만나는
르완다

다음의 퀴즈는 이 책을 보기 전에 알아두면 좋을 르완다에 대한 가장 기본적인 정보이다. 정답을 다 맞히지 못하더라도 퀴즈를 풀다 보면 르완다에 대한 호기심이 조금씩 생길 것이다.

Q1.

동아프리카 공통비자로
여행할 수 없는 나라는?

❶ 케냐 ❷ 탄자니아 ❸ 우간다 ❹ 르완다

Answer. ❷ 탄자니아

동아프리카 공통비자는 90일 동안 케냐, 우간다, 르완다를 모두 방문할 수 있는 복수비자이다. 어느 나라에서 신청하든 세 나라를 해당 기간 내 오갈 수 있다. 단, 비자 유효기간이 남았더라도 세 나라 외 다른 나라로 출국한 후 다시 방문하려면 새로 비자를 받아야 한다.

Take advantage of the new
East African Community Visa!
동아프리카비자의 혜택을 누리십시오!

"

Q2.

제노사이드 이전 르완다를 구성하고 있던
세 민족에 해당하지 않는 민족은?

❶ 후투 ❷ 트와 ❸ 루오 ❹ 투치

"

Answer. ❸ 루오

르완다에서 제노사이드가 발발하기 이전에는 서로 민족을 구별하였으며 후투, 투치, 트와 세 민족이 공존했다. 민족 갈등으로 인해 제노사이드를 겪은 이후에는 민족을 구분하는 것이 공식적으로 금지되어있다.

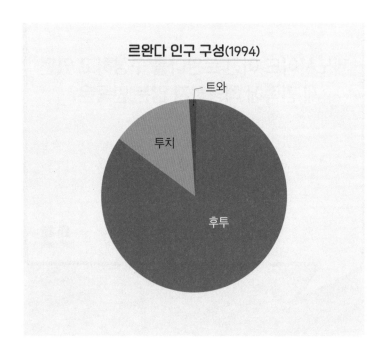

Q3.

1994년 르완다에 제노사이드가 발발했던
날로 '제노사이드 기념일'로 지정되어
희생자를 추모하는 날은?

❶ 4월 7일 ❷ 4월 16일 ❸ 7월 1일 ❹ 7월 4일

Answer. ❶ 4월 7일

제노사이드 기념일은 4월 7일이며, 각종 추모행사가 열린다. 일주일의 추모 기간 동안 'kwibuka(기억하다)' 로고를 각 기관과 단체에서 내걸기도 한다. 우리가 기억해야 할 또 다른 날, 4월 16일은 세월호 참사일이며, 7월 1일은 르완다 독립기념일, 7월 4일은 르완다 광복절이다.

Q4.

매달 마지막 주 토요일, 르완다 전역에서
행해지는 공동체 활동을 일컫는 말은?

❶ 이토레로 ❷ 우무간다 ❸ 우무가누라 ❹ 아마순주

Answer. ❷ 우무간다

르완다에서는 매달 마지막 주 토요일에 각 마을 및 공동체 단위로 공동체 활동을 한다. 각 가구에서 의무적으로 참여하게 되어있으며, 우무간다가 시행되는 날 오전에는 모든 차량이 통제된다.

"

Q5.

전 세계에서 르완다 일대에 유일하게
서식하고 있어 르완다의 상징처럼
여겨지는 멸종위기 동물은?

❶ 판다 ❷ 벵갈호랑이 ❸ 바다거북 ❹ 마운틴고릴라

"

Answer. ❹ 마운틴고릴라

전 세계 약 1,000여 마리에 불과한 마운틴고릴라의 유일한 서식처는 르완다-우간다 일대의 산악지대이다. 르완다의 화산지형에는 600마리 정도의 마운틴고릴라가 살고 있다. 르완다 정부는 이 지역의 출입을 엄격히 통제하면서 마운틴고릴라 보호와 보존에 힘쓰고 있다.

1부

무라호! 르완다

신은 깨어있는 동안에는 모든 곳에 존재하지만
잠들 때는 르완다에 눕는다.

신이 누운 자리, 천 개의 언덕

르완다는 아프리카 대륙의 동부에 위치한 내륙 국가이다. 북쪽으로 우간다, 동쪽으로 탄자니아, 남쪽으로 부룬디, 서쪽으로 콩고민주공화국과 이웃하고 있다. 르완다의 국토 면적은 2만 6,338제곱킬로미터로 한국의 4분의 1 정도이며, 아프리카 대륙에서 네 번째로 작은 나라이다.*

아프리카 대륙은 동부 지역이 높고, 서부 지역이 낮은 편이다. 아프리카 대륙의 동쪽에 두 개의 판이 만나는 지점이 있어 '리프트밸리*rift valley*'를 형성하는데 이 지각 활동으로 인해 동부 아프리카 지역에 킬리만자로를 비롯한 높은 산들과 화산지

* 아프리카에서 가장 작은 나라는 감비아, 에스와티니, 지부티 순이다.

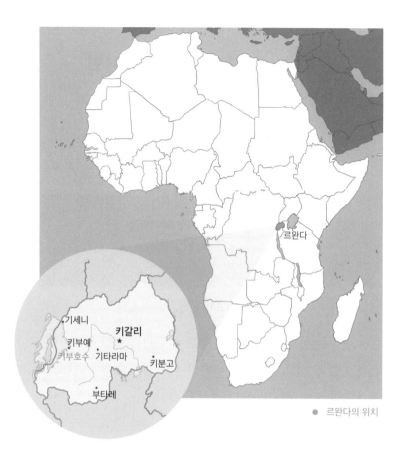

기세니

키부예

키갈리 ★

키부호수   기타라마

키분고

부타레

르완다

● 르완다의 위치

형이 나타난다. 르완다 역시 리프트밸리 안에 있어 전 국토의
고도가 높다. 르완다에서 가장 고도가 낮은 곳은 루시지강인데
해발 950미터에 달하며, 수도 키갈리Kigali는 해발 1,800미터 정
도이다. 적도 부근에 위치해 있어 태양이 매우 강하지만 전반
적으로 고도가 높아 기온이 그리 높지 않다. 한국의 봄 또는 초
가을 정도 날씨를 떠올리면 비슷하다. 일교차가 크고 맑은 날

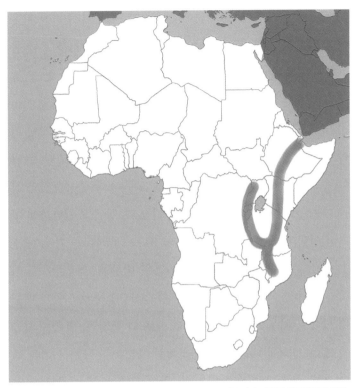

에도 햇빛만 피하면 그리 덥지 않은 편이다.

한국에서 르완다로 가는 가장 빠른 길은 에티오피아를 경유하거나 카타르를 경유하는 방법이다. 터키항공, 케냐항공 등도 한국과 르완다를 연결하지만 환승지가 더 많거나 항로가 길어 시간이 더 걸린다.

착륙 즈음 비행기 창으로 르완다의 전경을 내려다보면 전반적으로 푸른 느낌이 먼저 눈에 들어온다. 초목이 우거진 가운데 오밀조밀 모여있는 집들이 보인다. 수도 키갈리를 조금 돌아다니다 보면 온 둘레에 언덕이 끝없이 이어진 것을 볼 수 있다. 키갈리뿐 아니라 르완다 전역에 크고 작은 산이 계속 이어지기 때문에 르완다의 별칭은 '천 개의 언덕'이다. 전해지는 이야기로는 '신이 누웠던 자리'여서 울퉁불퉁하다고 한다. 르완다 속담에 "신은 깨어있는 동안에는 모든 곳에 존재하지만 잠들 때는 르완다에 눕는다."라는 말이 있다. 둥글고 완만하게 이어진 언덕이라 등허리를 기대기 좋겠다는 생각이 들기도 한다.

도시의 언덕에는 등성이마다 집을 비롯한 건축물이 들어서 있다. 어느 방향에서나 크고 작은 언덕이 눈앞에 있기 때문에 낮에는 나무와 집이 어우러진 초록의 풍경을, 밤에는 하늘의 별이 언덕에 내려와 있는 것처럼 불빛이 빛나는 풍경을 볼 수 있다. 화려하진 않아도 낮과 밤의 모습 모두 아름답다. 세계 곳곳의 도시 야경이 유명한 곳은 대개 전망대처럼 높은 곳에 올라가서 전경을 내려다보는 방식인데 르완다는 높은 곳으로 올라가지 않아도 땅이 솟아있어 어디서나 멋진 야경을 감상할 수 있다.

도시에서 조금 벗어나면 언덕의 모습이 좀 더 자연에 가깝게 다가온다. 르완다에서는 계단식 논 개간이 흔하지 않은 편이다. 오히려 산등성이에 집을 짓고 산 아래쪽에 농사를 짓는다. 이는 농사를 지을 때 산 아래쪽이 물 대기에 수월하기도 하

● 르완다 수도 키갈리의 낮과 밤

고 또 우기에 비가 많이 오면 산등성이의 토양이 쓸려나갈 수 있어 그 위험을 피하기 위해서라고 추측해본다.

언덕이 많은 탓에 르완다의 지역을 잇는 도로는 대개 산을 끼고 있다. 지역 간의 거리가 그리 멀지 않아도 도로가 구불구불한 데다가 산길이어서 시간이 오래 걸린다.

이 구불구불한 산길은 누군가에게는 매우 매력으로 작용한다. 특히 자전거나 모터사이클 타기가 취미인 사람들에게는 명소로 손꼽힌다. 1988년부터 자전거를 타고 르완다의 주요 지역을 도는 자전거 경주인 '투르 뒤 르완다Tour du Rwanda'라는 국제행사가 르완다에서 열리고 있다.

투르 뒤 르완다
Tour du Rwanda

르완다 사이클링협회에서 주최하는 국제 자전거 경주 대회이다.
1988년에 시작되어 매년 레이스를 열고 있다. 1991~2000년까지
대회를 멈추었다가 2001년 다시 시작되어 2019년 22회 대회를 열
었다. 매년 2월경 개최된다. 공식 홈페이지는 tourdurwanda.rw이다.

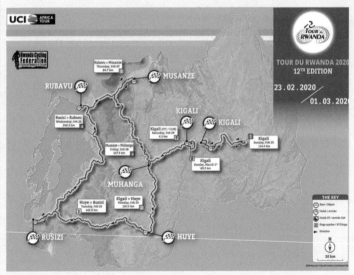

● 2020년 투르 뒤 르완다 경주 코스 안내 지도 　　　　(출처-*tourdurwanda.rw*)

두 개의 계절, 우기와 건기

사계절을 경험할 수 있는 환경에서 산다는 건 큰 행운이다. 한국인에게 사계절은 당연한 것이지만 한국처럼 사계절을 경험할 수 있는 나라는 많지 않다. 한국의 사계절은 다른 북반구의 나라에서 경험하는 계절과 비교해봐도 차이가 뚜렷할 만큼 계절 간의 변화가 크다. 회색 도시에 있다 보면 계절의 색과 감이 잘 느껴지지 않을 수도 있지만 꽃 피는 봄, 울창한 녹색의 여름, 단풍 드는 가을, 눈 내리는 겨울은 소박한 한국의 경치에 멋진 옷을 입히곤 한다.

르완다뿐 아니라 아프리카 대륙에 있는 나라에 살다 보면 한국에서 지내는 지인들의 계절 인사를 건네받는 일이 잦다.

여름이면 "한국도 이렇게 더운데 거기는 얼마나 덥니?"라고 묻고, 겨울이 되면 "여긴 이제 너무 추워. 거긴 눈은 안 오지? 르완다의 겨울은 어때?"라는 질문을 많이 받는다.

이제 고정관념과 편견을 깰 시간이다. 먼저, 아프리카 대륙이라고 모두 더운 것은 아니다. 그리고 르완다에는 사계절이 없다.

계절의 변화가 생기는 것은 일조량의 차이 때문이다. 일조량의 차이가 연중 크게 나타나는 곳은 남반구와 북반구의 중위도에 위치한 온대성 기후의 나라뿐이다. 한국과 위도가 비슷한 나라, 예를 들면 일본이나 독일, 프랑스 등에는 사계절이 있다.

모두가 잘 알고 있듯 적도 부근의 나라는 연중 기온이 높고, 극점에 가까울수록 연중 기온이 낮다. 아프리카 대륙에서도 적도 부근의 나라는 사계절이 없다. 그렇다고 계절 구분이 전혀 없는 것은 아니고 비가 많이 오는 우기와 비가 거의 오지 않는 건기로 계절을 구분한다.

르완다에서는 통상적으로 3~5월을 대우기, 9~11월을 소우기로 본다. 우기에는 거의 매일 비가 내린다. 그러나 한국의 장마철과는 다르다. 한국의 장마철에는 장대비가 온종일 내리지만 르완다의 우기 때는 소나기 같은 굵은 비가 몇 시간 동안 내리고는 금세 그친다. 한국의 여름처럼 습하지 않고 비가 그치면 곧 해가 나기 때문에 젖은 길도 금세 마르곤 한다. 그래서 르완다 사람들은 우산을 잘 쓰지 않는다. 우산을 쓰더라도 비가 세차고 바람이 많이 불어 몸이 다 젖어버리는 이유도 있지만 비가 몇 시간 정도 내리다가 그치면 다시 비를 만날 일

● 우기에 비 오는 거리를 달리고 있는 투르 뒤 르완다 자전거 경주 주자　(출처-New Times)

이 거의 없기 때문이다. 비가 내릴 때 거리는 한산해지고 각 지붕 아래마다 비를 피하는 사람들이 모여있는 풍경을 흔하게 볼 수 있다.

　근래 들어서 르완다에는 우기의 기준이 거의 의미가 없어졌는데 기후변화로 인해 비가 오는 시기와 비가 오는 양이 불규칙해졌기 때문이다. 과거에는 대우기와 소우기에만 비가 오고 그 시기를 벗어나더라도 큰 차이가 없는 정도였다. 하지만 비가 오는 기간이 길어지고, 폭우가 쏟아지거나 제때 비가 오지 않아 농민들이 어려움을 겪고 있다.

　르완다에서는 인구의 80퍼센트 이상이 농업에 종사하기 때문에 비의 움직임에 큰 영향을 받는다. 비가 오는 시기에 맞추어 씨를 뿌리고 땅을 개간하는데 비가 덜 오거나 너무 많이 오면 수확물이 제대로 나오지 않는다.

날씨의 영향을 받는 것은 농작물만이 아니다. 농작물 수확으로 인한 소득 감소도 문제지만 산지가 많은 르완다에서는 폭우로 인한 산 사태나 수해도 인명 피해와 재산 피해로 이어지고 있다.

전 지구적인 기후변화에 가장 큰 원인을 제공한 것은 탄소 배출을 많이 하는 선진국인데 그 피해는 개발도상국에서 더 크게 나타난다. 피해의 규모도 문제지만 이것을 복구하고 대비할 만한 역량이 부족하다는 것도 또 다른 문제로 지적되고 있다. 예측할 수 없는 기후변화와 자연재해 앞에 속절없이 무너지는 사람들의 모습을 보면 르완다가 왜 이렇게 강력한 환경정책을 펴고 있는지 이해가 간다. 이들에게 환경문제는 그야말로 생존의 문제이기 때문이다.

아프리카에서
가장 인구밀도가 높은 나라

르완다는 아프리카 대륙에서 가장 작은 나라 중 하나이지만 인구밀도는 가장 높다. 전 세계적으로 비교해도 인구밀도가 매우 높은 편이다. 인구가 1,000만 이상인 나라 중에서 인구밀도가 높은 순으로 방글라데시, 대만, 한국, 레바논에 이어 르완다는 5위이다. 2021년 르완다 인구는 1,327만 명 정도로 집계된다.

국토의 대부분이 산지이지만 기후나 토양이 농사짓기에 적합하고 사람이 살기에도 좋다. 인구의 80퍼센트 이상이 시골 지역에 살고 있다. 르완다에는 몇몇 대도시가 있는데 수도인 키갈리가 가장 큰 도시이며 약 100만 명의 인구가 거주하고 있다. 키갈리는 계속 인구 유입이 늘어나고 있어서 전기와 상

수도 등 인프라 개발 및 보급에 어려움을 겪고 있다. 그 외 주요 도시로는 기세니Gisenu, 루헨게리Ruhengeri, 부타레Butare, 무항가Muhanga 등이 있다.

제라드 프루니에Gérard Prunier를 비롯한 몇몇 역사학자들은 르완다 제노사이드의 요인 중 하나가 높은 인구밀도라고 말하기도 한다. 토지와 자원은 한정되어있는데 단위 면적당 거주하는 인구가 많다 보니 이를 조정하기 위해 제노사이드와 같은 인위적 인구 조정이 발생했다는 것이다.

1994년 제노사이드 당시 르완다 인구 10분의 1이 사망해 인구가 급감했지만 이후 빠르게 회복했다. 아프리카 대륙의 다른 나라와 마찬가지로 르완다는 출산율이 높고 노년층이 적어서 전체 인구의 평균 나이가 매우 젊다.

여전히 의료 인프라가 부족하긴 하지만 보험제도 구축과 의료서비스 확충을 통해 기대수명이 꽤 높아졌다. 2021년 기준 르완다의 평균 기대수명은 69세이다. 제노사이드 직후인 1995년에는 기대수명이 31세였으나 이후 꾸준히 증가했다.

이 같은 인구통계학적 수치만큼 혹은 그 이상 중요하게 살펴보아야 할 수치가 있는데 바로 유엔개발계획에서 매년 발표하는 '인간개발지수HDI, Human Development Index'이다. 보통 한 나라를 파악하기 위해서 인구 규모나 경제력 등을 나타내는 숫자(보통은 '국내총생산' 또는 '1인당 국민총소득'과 같은 지수)를 참고하는데 과연 이 숫자들이 그 나라에서의 삶을 제대로 나타낼

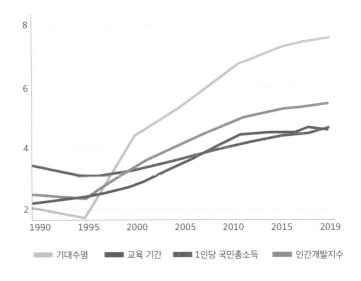

수 있는가 하는 의문에서 대체적인 지표의 필요성이 고민되어
1990년 개발되었다. 인간개발지수는 인간 개발을 세 부분으로
나누어 '길고 건강한 삶, 지식에 대한 접근, 안정적인 생활수
준'을 측정하기 위한 지표로 구성되어있다.

　첫 번째 삶에 대한 지표는 기대수명으로, 두 번째 지식에 대
한 지표는 취학기 아동의 기대 교육 기간과 성인 인구의 평균
교육 기간으로, 마지막 안정적인 생활은 1인당 국민총소득으
로 측정하여 계산한다. 인간개발지수는 비교적 삶의 다면적인
부분을 통합적으로 반영하고 있기 때문에 인간을 중심에 둔 개

발 관점에서 해당 나라의 위치를 가늠할 수 있다.

르완다의 인간개발지수는 1990년대 중반 제노사이드 시기에 하락한 것 외에는 꾸준히 개선되어왔다. 하지만 여전히 세계 최하위권이다. 2019년 르완다의 인간개발지수는 0.543으로, 인간개발지수 통계를 내고 있는 189개국 가운데 160위에 머무르고 있다.

지난 30년간 르완다에서 가장 크게 향상된 부분은 기대수명이다. 교육 부문이나 경제 부문은 소폭 성장했지만 여전히 갈 길이 멀다. 인구가 많고 이들의 건강 상태가 좋아져서 기대수명이 늘어난다는 것은 분명 좋은 신호이다.

인구 규모는 그 나라의 잠재력이기도 하다. 국민의 삶의 질이 개선되고 이것이 실제 경제력으로 발현되기 위해서는 정부를 비롯한 각 분야의 주체들이 해야 할 일이 많을 것이다.

깨끗하고 안전한 도시 키갈리

아프리카에 대한 막연한 두려움과 거리감, 위험성, 무질서, 불편함 등에 대한 걱정과 거부감을 가지고 있지는 않은가? 당신이 상상하는 아프리카에 대한 편견을 깨주는 나라가 바로 르완다이다.

르완다를 경험한 많은 사람이 르완다에 대해 '깨끗하다', '쾌적하다'라고 평가한다. 르완다는 2000년대 후반에 이미 일회용 비닐봉지를 법적으로 금지한 나라, 쓰레기가 없는 거리를 위해 충분한 인력의 청소부를 고용한 나라이다.

내가 처음 르완다에 방문한 것은 2017년이었다. 르완다에 대한 정보라고는 영화 〈호텔 르완다 Hotel Rwanda〉가 전부였기 때문에 다른 아프리카의 나라와 비슷하겠거니 싶었다. '공항에서부터 공무원과 실랑이를 하겠지.', '도로는 꽉 막혀있겠지.', '매연과 먼지가 가득하겠지.' 같은 생각을 했던 것 같다.

공항에서 이어지는 대로는 시내에 이르자 간간이 막히긴 했지만 더럽거나 무질서하지 않았다. 일부 지역만 그런 것이 아닐까 하는 첫날의 의심은 5일쯤 지나서야 완전히 풀렸다. 내 짧은 경험 안에서 아프리카의 나라들은 수도가 가장 오염되고 위험한데 르완다의 수도 키갈리는 그런 나의 선입견을 완전히 깨버렸다.

르완다는 깨끗하고 안전한 나라이다. 아프리카 대륙뿐 아니라 전 세계 어디와 비교해도 이 정도로 청결과 보안을 지키는 나라는 많지 않을 것이다.

르완다를 방문하는 여행객들이 인상적인 부분으로 꼽는 것 중 하나가 르완다에 도착하자마자 비닐봉지를 회수하는 것이다. 공항에서는 면세품 구입 봉투를 비롯해 손에 든 모든 비닐을 제거해 가방에 넣거나 종이봉투에 옮겨 담아야 한다. 우간다나 콩고 등 육로 접경 지역에서도 마찬가지이다. 르완다는 비닐봉지의 유입, 수입, 판매 및 구매를 국경에서부터 단속한다.

2006년 르완다는 비닐봉지(일회용 플라스틱 봉지) 사용을 금지했다. 초기에는 진통이 적지 않았다. 비닐봉지를 대체할 재료가 많지 않았고 시민들은 교체 비용을 부담스러워했다. 그러나 정부는 흔들림 없이 강력하게 정책을 추진했다. 그 결과 종이봉투와 같은 친환경 자재를 중심으로 한 사업들이 성장했

● 키갈리 시내 전경(위)과 깨끗한 키갈리의 도로(아래)

고 작은 구멍가게부터 대형마트까지 종이봉투와 종이 포장 사용이 확실하게 자리 잡았다.

키갈리에서 걷거나 차를 타고 가다 보면 길에서 가장 많이 만나는 사람이 미화원과 경찰관이다. 미화원이 끊임없이 차도와 인도를 청소하는 덕도 있겠지만 행인들이 쓰레기를 버리는 것을 본 적도 없다. 키갈리는 '키갈리를 깨끗하게 보존하자'라는 캠페인을 통해 시민들이 환경 의식을 갖도록 하고 있다.

기리의 경찰관들은 교통정리부터 거리 질서 유지 등의 업무를 수행한다. 아프리카 대륙의 많은 나라가 경찰 및 공무원의 부패로 공권력에 대한 신뢰를 잃은 데 비해 르완다의 경찰은 치안과 단속 업무를 잘 수행하는 것으로 보인다. 경찰뿐 아니라 민간 경호업체도 매우 활성화되어있어서 큰 규모의 상가에는 대개 검색대가 설치되어있고 일반 주택에도 경호원을 두는 경우가 꽤 있다.

이런 분위기 덕에 르완다는 '여행자들이 마음 놓고 여행할 수 있는 나라', '여성 외국인이 밤거리를 혼자 걸어도 안전한 나라'로 일컬어지고 있다.

2017년에는 세계경제포럼에서 선정한 '여행하기 가장 안전한 나라'에 르완다가 9위로 선정됐다. 2019년 우간다, 콩고민주공화국 접경 지역에서 분쟁이 발생하며 순위가 낮아지긴 했지만 140개국 중 31위로, 여전히 사하라 이남 아프리카 나라 중에서는 1위이다.

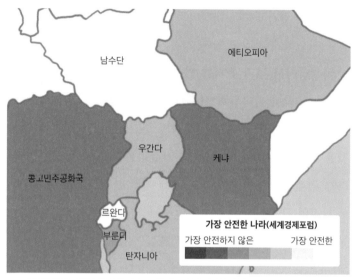

남수단

에티오피아

우간다

케냐

콩고민주공화국

르완다

부룬디

탄자니아

가장 안전한 나라(세계경제포럼)

가장 안전하지 않은　　　　　가장 안전한

● 안전과 보안 수준을 표시한 지도. 르완다는 가장 안전한 나라이다.

(출처-telegraph travel map)

　　선진적인 환경정책과 도시 미화에 대한 적극적인 투자, 부정부패를 단속하는 정부의 기조를 통해 르완다는 '작지만 강한 나라'의 이미지를 구축하고 있다. 르완다를 거쳐 간 사람들에게 좋은 인상을 남기면서 르완다는 조용히 그 잠재력을 키워가는 중이다. 내 주변에도 적지 않은 사람들이 '르완다앓이' 중이다. 이들과 함께 르완다의 '잠재력'이 폭발하는 그날을 숨죽여 지켜보고 있다.

르완다의 국가 상징

국기

국기는 한 나라를 상징하는 가장 함축적인 이미지이다. 애초에 국기의 규격이라는 것이 정해져 있지는 않을 테지만 대부분 나라의 국기가 서로 비슷한 비율의 직사각형 안에 도형과 색을 채워 넣는 방식으로 만들어졌다. 특히 긴 식민 지배 이후 유사한 시기에 독립한 아프리카 대륙의 나라들은 서로 비슷한 국기를 가진 경우가 많다.

아프리카 대륙에 있는 나라의 국기에 가장 많이 쓰이는 색은 초록, 노랑, 빨강의 3색인데 이를 '범(凡)아프리카 색'이라고 부른다. 이 색은 에티오피아의 국기에서 유래한 것이다. 아프리카

● 에티오피아의 옛 국기(1996년 이후 변경)

대륙 전체가 서구 열강에 의해 나누어져 식민 지배를 당하는 동안 에티오피아는 (이탈리아와 전쟁을 치르던 시기를 제외하고) 유일하게 독립국으로 유지해 왔다. 2차 세계대전 이후 속속 독립국가가 출범하면서 에티오피아의 국기를 모델로 하여 국기를 디자인했는데 이때 많은 나라가 유사한 색에 유사한 가치를 부여하여 서로 비슷한 국기를 가지게 되었다.

각 색이 가진 의미는 국기에 따라 조금씩 다르긴 하지만 큰 차이는 없다.

> 농업, 국토, 자연, 산림

> 태양, 독립, 투쟁, 희생, 피

> 태양, 희망, 황금, 광물, 부

이후 미국에서 흑인들의 권익 향상 움직임과 함께 세계흑인지위향상협회UNIA, Universal Negro Improvement Association가 출범했는데 여기에서 범아프리카 색을 빨강, 검정, 초록으로 정의했다. 빨강은 피, 검정은 흑인, 초록은 아프리카의 풍요로운 자연을 상징한다.

아프리카 나라의 많은 국기는 초록, 노랑, 빨강 세 가지 색을 기초로 하고 있고 여기에 검정까지 더해 국기의 기본색을 이루고 있다.

르완다의 초기 국기 또한 이와 유사한 모습이었다. 범아프리카 색이라 지칭되는 3색이 왼쪽부터 세로로 빨강-노랑-초록 순

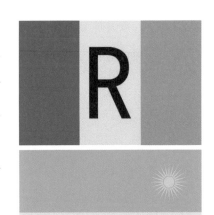

● 르완다의 과거 국기(위)와 현재 국기(아래)

으로 늘어서 있고 중앙에 알파벳 R이 들어간 형태였다. 알파벳 R은 Rwanda(르완다), Revolution(혁명), Referendum(국민투표), Republic(공화국) 등을 의미했다. 하지만 독립 이후 유혈 참사가 이어지면서 빨강이 분노를 조장한다는 지적 때문에 국기가 교체되었다.

현재 국기는 르완다의 화가 알퐁세 키리모베네쵸*Alphonse Kiri-mobenecuo*가 고안한 것이다. 논란이 있던 빨강 대신 옅은 파랑을 선택했다. 위에서부터 옅은 파랑-노랑-초록이 가로로 이어지고 우측 상단에 태양을 그려 넣어 마치 한낮의 초원 풍경을 연상시킨다. 르완다는 2001년부터 이 국기를 사용하고 있으며

옅은 파랑은 행복과 평화를, 노랑은 경제 발전을, 초록은 번영의 희망을 나타낸다. 금빛 태양은 깨달음을 의미한다.

국장

르완다의 국장을 보면 르완다를 상징하는 요소가 모두 들어있다. 현재의 국장은 2001년 국기 교체 당시 바뀐 것이다.

국장 위쪽에 있는 금색 리본에는 르완다의 공식 명칭인 '르완다 공화국*Repubulika y'u Rwanda*'이 키냐르완다로 쓰여있다. 리본 아래쪽에는 태양이 그려져 있다.● 국장 아래쪽에는 톱니바퀴가 그려져 있다. 르완다의 정부 기관이나 교육기관 중 기술이나 직업, 산업을 관장하는 기관에 톱니바퀴가 그려진 것을 생각해보면 이는 기술 발전을 의미한다고 유추해볼 수 있다.

국장 중앙에는 르완다의 전통 바구니가 그려져 있는데 이 바구니는 르완다 전통에서 '귀한 것을 담는' 용도로 쓰인다. 딱히 용도를 떠올리지 않더라도 르완다의 역사와 전통을 중심에 두고자 하는 의미로 해석해도 무방할 듯하다. 바구니 왼쪽에는 수수가, 오른쪽에는 커피가 있다. 수수는 르완다에서 오래전부

● 르완다 국기와 같은 시기에 만들어진 것을 생각해보면 국장에 있는 태양도 '깨달음'을 의미한다고 볼 수 있을 것 같다.

루안다-우룬디 시절의 국장

르완다 왕국 시절의 국장
(1959~1962)

르완다 공화국 초기의 국장
(1962~2001)

현재의 국장
(2001~)

터 재배되었으며 르완다 사람들이 주식 및 음료로 섭취하는 대표 작물이다. 커피는 식민 시대에 들어왔지만 지금은 환금 작물이자 수출 작물로써 중요한 역할을 한다. 왼쪽과 오른쪽 양쪽에 세워져 있는 방패는 안쪽의 요소들을 보호하고 있다.

초록색 고리가 국장 전체를 감싸고 있으며 고리 끝부분은 매듭으로 묶여있다. 국장 아래쪽에 있는 금색 리본에는 르완다의 표어인 '단결*Ubumwe*, 노동*Umurimo*, 애국심*Gukunda Igihugu*'이 키냐르완다로 쓰여있다.

국가

최초의 르완다 국가는 '우리의 르완다*Rwanda Rwacu*'로, 1962년 벨기에에서 독립했을 때 만들어졌다. 독립 이후 민족 갈등을 겪으면서 지난한 분쟁과 혹독한 학살의 시기를 거친 르완다 정부는 2000년 폴 카가메*Paul Kagame* 대통령 취임 이후 전면적인 조정과 개편을 단행했다. 이때 국기 및 국장, 국가 또한 전면 교체되었다.

국가는 전국적인 공모를 통해 새로운 곡과 가사를 선정했다. 2002년 1월 1일 우수작으로 선정된 가사와 곡을 활용해 현재의 국가 '아름다운 르완다*Rwanda Nziza*'를 발표했다. 가사는 키냐르완다, 스와힐리어, 영어, 프랑스어로 공개되었다. 다음은 키냐르완다로 된 르완다의 국가이다.

Rwanda Nziza
아름다운 르완다

Rwanda nziza Gihugu cyacu
르완다여, 우리의 아름답고 사랑스러운 나라여

Wuje imisozi, ibiyaga n'ibirunga
산꼭대기의 장식, 호수와 화산이여

Ngobyi iduhetse gahorane ishya.
조국이여, 늘 행복을 줄 수 있는가

Reka tukurate tukuvuge ibigwi
르완다인들은 모두 그대의 아이라네

Wowe utubumbiye hamwe twese
너의 모든 진실을 말하리라

Abanyarwanda uko watubyaye
너는 어머니의 가슴이리라

Berwa, sugira, singizwa iteka.
영원히 감탄하라, 축복으로 번영하라

네 개의 공용어

　　르완다 사람들의 모국어는 '키냐르완다'라고 하는 르완다 고유의 말이다. 아프리카 대륙의 많은 나라에서 민족별로 다른 모국어가 쓰이지만 르완다는 역사적으로 오랜 시간 다른 민족 (후투, 투치, 트와)이 한데 어울려 살았기 때문에 언어적인 차이가 없다. 이웃 나라인 부룬디와도 과거 한 나라였기 때문에 언어의 차이가 거의 없어 두 나라에 사는 사람들끼리 키냐르완다로 의사소통하는 데 전혀 문제가 없다. 한국의 지역별 사투리처럼 느껴지는 정도의 유사함으로 보면 된다.

　　키냐르완다는 반투어족에 속하는 언어로 동부 아프리카에서 널리 쓰이는 스와힐리어나 남아프리카공화국에서 쓰이는 줄루어와 같은 계열로 분류된다. 그래서인지 스와힐리어와 비슷한

단어도 많은 편이다. 참고로 반투어족에 속하는 언어는 소수민족 언어까지 포함해 약 500여 개에 이른다.●

과거 식민지를 거치면서 공용어●●의 범주에 다른 언어들이 포함되었다. 아프리카 대륙에서 가장 많이 쓰이는 언어는 영어와 프랑스어인데 이는 제국주의 당시 서구 열강의 식민 지배에 따라 공용어가 결정된 경우가 많기 때문이다. 동부 아프리카 쪽은 영어를 주로 쓰고, 서부 아프리카 쪽은 프랑스어를 주로 쓴다. 르완다는 위치상 동부 아프리카로 분류되지만 사정이 조금 복잡하다.

르완다를 처음 지배한 것은 독일이었다. 하지만 독일은 명목상 지배만 했을 뿐 르완다에 큰 관심을 두지 않았다. 독일에서 사람을 보내지도 않았고 르완다 사람들에게 독일어를 가르치거나 사용하게 하려는 시도도 하지 않았다. 독일의 1차 세계대전 패전 이후 르완다를 넘겨받은 곳은 벨기에였다. 이때부터 르완다의 지식인 계층, 지배 계층을 중심으로 프랑스어가 쓰이기 시작했고 1962년 르완다 독립 이후에는 프랑스어가 공식 언어로 널리 사용되었다.

르완다는 독립 과정에서부터 국내 민족 간 갈등이 가시화되

● 브리태니커 사전, '반투어' 항목 참조
●● 공용어는 현지어와 함께 공식 언어로 지정되어있거나 널리 쓰이는 언어를 의미한
다.(저자 주)

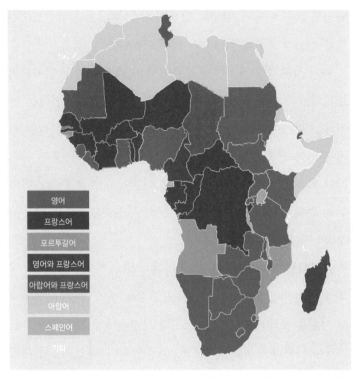

● 아프리카의 언어(공용어)를 표시한 지도

었는데, 이때 다수인 후투 민족에 밀려 투치 민족이 우간다를
비롯하여 이웃나라로 이동했다. 후투와 투치 사이에 크고 작
은 충돌이 반복되다가 1990년대 들어 내전의 양상으로 번지게
되었고 이때 우간다에 머무르던 투치가 대거 르완다로 들어오
면서 영어가 함께 쓰였다.*

● 우간다는 영어권이다.

제노사이드 이후 정권을 잡은 폴 카가메 대통령은 영어 사용을 적극 권장했으며 현재는 모든 공교육이 영어를 중심으로 이루어지고 있다.

스와힐리어는 가장 최근에 공용어로 지정되었다. 2015년부터 중등 교육에 스와힐리어가 필수과목으로 지정되면서 동시에 르완다의 네 번째 공용어로 지정되었다. 인접국과 경제교류를 하면서 자연스럽게 사람들이 오가게 되었고 이 때문에 스와힐리어를 공용어로 삼은 것이다. 르완다의 공식 언어는 키냐르완다, 영어, 프랑스어 세 가지이지만 스와힐리어도 함께 쓰이는 언어로 인정했다고 보면 된다. 르완다의 주변국 중 스와힐리어를 주로 쓰는 나라는 케냐, 탄자니아, 콩고민주공화국● 등이다.

그렇다면 르완다의 모든 사람이 이 네 개의 언어에 능통할까? 그렇지 않다. 르완다 사람들에게 모국어는 키냐르완다이고 다른 언어는 외국어이다. 다만 소통 및 기록을 위해 교육이나 공식 석상에서 외국어를 중심으로 사용하고 있다. 1990년대 중반까지 프랑스어가 교육 언어이자 공식 언어였기 때문에 당시에 교육을 받은 세대는 프랑스어에 능숙하고 영어에는 미숙하다. 반면 2000년 이후 교육을 받은 세대는 영어에 능숙하고 프랑스어에 미숙한 편이다.

● 콩고민주공화국의 주요 언어는 프랑스어이지만 르완다에 인접한 고마 지역에서는 스와힐리어를 일상적으로 사용한다.

이는 어디까지나 교육을 받은 사람들 기준이기 때문에 교육 접근성이나 이수율이 떨어지는 농촌 지역에서는 공용어라 할지라도 영어나 프랑스어를 잘하지 못하는 사람이 다수이다. 스와힐리어는 여전히 일상 언어라기보다는 외국어에 가까운 느낌이다. 하지만 네 가지 언어를 공용어로 하고 있다는 점은 많은 가능성을 내포한다.

일단 영어 사용자와 프랑스어 사용자 모두가 '말이 통하는' 나라라고 느끼는 것은 관광지로써 매우 큰 매력이다. 실제 대부분의 관광지와 서비스 업종에서 모든 언어가 가능한 직원을 두고 있다. 르완다에서 모든 언어가 가능한 사람을 찾는 것은 그리 어려운 일이 아니다.

스와힐리어 언어권에서 많은 학생과 사업가가 르완다에 대한 언어장벽을 낮게 여겨 자유롭게 진입할 수 있게 된 것도 큰 장점이다.

외부에서 들어오는 것뿐 아니라 내부에서 나가는 것도 자유롭다. 언어에 능통한 르완다 청년들은 기회가 되면 외국에 유학을 가기도 하고 해외 취업을 하기도 한다. 가족의 일부가 외국에 거주하고 있는 경우도 많다.

언어를 배우고 사용하는 데 거리낌이 없는 르완다 사람들을 보면 한국의 영어교육이나 사용에 대해 생각하게 만든다. 교육 언어가 사용 언어가 된다는 것은 바로 이런 것일 텐데 말이다.

키냐르완다를 배워보자

일상 소통

의미	표기	발음
네	Yego	[예고]
아니오	Oya	[오야]
좋아요	Meza	[메자]
나빠요	Bibi	[비비]
이해하지 못했어요	Simbyumva	[심븀봐]
몰라요	Simbizi	[심비지]
알아요	Ndabizi	[은다비지]
고맙습니다	Murakoze	[무라코제]
미안합니다	Babarira	[바바리라]
저도요	Najye	[나지예]
당신도요	Nawe	[나웨]

인사하기

의미	표기	발음
안녕하세요(아침)	Mwaramutse	[마라무체]

안녕하세요(오후)	Mwiriwe	[뮈리웨]
잘 지내요?	Amakuru?	[아마쿠루?]
잘 지내요	Ni meza	[니 메쟈]
그다지 좋지 않아요	Meze nabi	[메제 나비]
안녕히 가세요(오후)	Mwirirwe	[뮈리궤]
안녕히 가세요(저녁)	Muramuke	[무라무케]
내일 만나요	Ni ahejo	[나 헤조]
다음에 만나요	Turongera	[투롱게라]
당신의 이름은 무엇입니까?	Witwa nde	[윝와은데]
제 이름은 OOO 입니다	Nitwa OOO	[닡과 OOO]

물건 구매하기

의미	표기	발음
이것은 얼마입니까?	Nangahe?	[난가헤?]
너무 비싸요	Birahenda	[비라헨다]
깎아주세요	Gabanya	[가반야]

숫자 읽기

숫자	표기	발음	숫자	표기	발음
1	Rimwe	[림웨]	7	Karindwi	[카린뒤]
2	Kabiri	[카비리]	8	Umunane	[우무나네]
3	Gatatu	[가타투]	9	Icyenda	[이첸다]
4	Kane	[가네]	10	Icumi	[이추미]
5	Gatanu	[가타노]	100	Ijana	[이자나]
6	Gatandatu	[가탄다투]	1000	Igihumbi	[이기훔비]

함께 생각하고 토론하기

르완다는 환경정책을 강하게 추진하고 있습니다. 비닐봉지 사용이 금지되어 모든 매장에서 비닐봉지 대신 종이봉투를 사용하고 있으며 일회용품 사용을 점차 줄여 최종적으로는 일회용 플라스틱을 아예 쓰지 않게 하는 것이 르완다 정부의 목표입니다.

정부의 강력한 규제에 반발하는 의견도 있습니다. 기업 입장에서는 저렴한 비닐과 플라스틱을 사용하지 못하면서 생산 비용이 늘어나고, 소비자 입장에서는 플라스틱 제품의 편의성을 포기하면서 생활과 소비가 불편해질 수 있다는 것입니다.

● 플라스틱 사용의 장단점에 대해 생각한 후 장단점을 고려했을 때 플라스틱 사용 여부에 대해 토론해봅니다. 그리고 자신의 주장에 근거를 들어 생각을 적어봅시다.

●● 르완다에서 환경정책을 강력하게 추진하는 이유는 기후변화로 인한 피해를 크게 경험하고 있기 때문입니다. 지구온난화와 기후변화의 원인은 선진국에서 주로 발생하지만 그 피해는 개발도상국에 더욱 크게 나타납니다. 기후변화의 속도를 늦추고 지구온난화를 막기 위해 우리가 할 수 있는 일은 무엇인지 이야기해봅시다.

2부
르완다 사람들의 이모저모

한 사람의 지원자는
억지로 끌려온 열 사람보다 낫다.

아프리카의
싱가포르를 꿈꾸는 르완다

아프리카 대륙은 인류의 발상지이며 지구상에서 가장 오래된 대륙이다. 그만큼 지하자원도 풍부하다. 석유나 광물과 같은 보편적인 자원에서 콜탄과 같은 희귀 광물까지 다양한 천연자원이 분포해있다. 하지만 안타깝게도 내륙의 작은 나라인 르완다는 그 혜택을 받지 못했다. 르완다에는 약간의 보석 종류와 광물이 나긴 하지만 사업으로 접근할 만한 규모는 아니다.

르완다의 경제를 책임지는 산업은 농업이다. 인구의 75퍼센트가 농업에 종사하고 있으며 농업에 연계되는 산업까지 포함하면 거의 90퍼센트에 가까운 사람들이 농업 및 유관 산업에서 일한다. 그렇다면 생산성이나 규모는 어떨까?

르완다 정부가 2013년부터 경제개발 전략의 일환으로 토지

개선, 농업 생산량 증대 등 농촌 개발 활동을 하고 있지만 구체적인 성과는 미미한 수준이다. 국토가 작고 산지가 많아 농지 확보가 어렵고, 산악 지형이어서 유통과 운송이 쉽지 않다는 것이 한계로 꼽힌다.

기후가 안정적이어서 대부분의 식량 작물이 잘 자라지만 농업기술이 발달하지 않아 생산성이 낮은 르완다는 우간다를 비롯하여 이웃나라에서 부족한 농산물을 수입하고 있다. 르완다의 최대 수출품은 차와 커피 등 상품작물인데 농산물의 특성상 작황이나 국제시장의 수요에 따라 가격변동 폭이 커서 안정적인 수익을 보장하지는 못하고 있다.

자원이 많지 않고 제조업의 기반이 약한 르완다가 전략적으로 선택한 미래산업은 서비스업이다. 일명 'MICE 산업'으로 일컫는 회의*Meeting*, 포상관광*Incentives*, 컨벤션*Convention*, 전시 혹은 박람회*Events&Exhibition*와 연관된 사업으로 국제회의를 유치하거나 국제적인 수준의 행사를 개최하여 방문객들을 대상으로 관광과 숙박, 서비스를 제공하는 것이다. 르완다는 기존에 구축한 안전과 보안을 바탕으로 국제회의와 국제행사를 적극 유치하고 있다. 국제적인 행사를 개최할 수 있는 컨벤션센터와 아레나홀 등을 새로이 구축했고 다국적 호텔 체인을 유치하여 수용할 수 있는 인원과 서비스의 폭을 넓히고 있다.

르완다에서 내세울 수 있는 강점은 세계적인 수준으로 관리하고 있는 안전성과 청결함 그리고 도시의 크기가 크지 않아

● 르완다 컨벤션센터. 컨벤션센터 설립 이후 각종 국내외 행사를 이곳에서 개최하고 있다.

(출처-rcd.rw)

행사 장소에서 숙박, 여타 서비스 시설까지 이동이 용이하다는 점 등일 것이다. 또한 외국자본 유치와 산업부흥을 위해 투자와 기업 설립을 용이하게 하기 위한 다양한 제도를 마련하고 있다. 대개의 개발도상국들을 보면 외국인이 단독으로 사업체를 설립하기 불가능하거나 규제가 심한데 르완다는 외국인의 사업에 대한 별도의 규제가 없을 뿐 아니라 회사 설립의 과정을 온-오프라인에서 간단하게 마칠 수 있도록 등록 과정을 간소화했다.

적극적인 기업 유치, 국제행사 유치가 최근 몇 년간 경제성장에 영향을 미쳤고 2018년까지 연속 10년 평균 8퍼센트에 이르는 성장률을 기록하기도 했다.

르완다가 꿈꾸는 모델은 국토가 작고 자원이 풍부하지 않더라도 금융 및 서비스업을 기반으로 경제적인 성장을 이룬 싱가포르나 홍콩과 같은 나라이다. 이를 위해 아프리카연합, 아프리카 경제공동체에서 주요한 역할을 수행하고자 다양한 의제를 제시하고 있으며 각종 국제회의 유치에도 노력을 기울이고 있나.

대표적인 사례가 동아프리카경제공동체와 동아프리카 공통비자이다. 이웃나라인 우간다, 케냐와는 비자 협정을 통해 동아프리카 공통비자를 가진 방문객들이 이 세 나라를 자유롭게 오갈 수 있도록 하고, 각국의 물류 이동에도 관세를 줄이거나 없애는 등 경제적인 협력도 적극적이다. 내륙 국가라는 한계를 극복하기 위해 케냐의 몸바사 항구에서 시작해 우간다, 르완다, 부룬디, 남수단을 잇는 '아프리카 철도 계획'에도 참여하고 있다.

안타까운 점이 있다면 이런 인프라 개발에 대부분의 자금을 대고 있는 나라가 중국이라는 점이다. 한계점도 명확하다. 많은 관광객이나 방문객을 유치하기에는 교통수단이 한정적이고 도로가 잘 구비되지 않았으며 이들이 소비할 수 있는 관광요소나 서비스의 다양성이 부족하다. 정부에서는 직접 사업뿐 아니라 외국자본 유치를 통해 이를 개발하려 하지만 시간이 더 필요할 것으로 보인다.

모바일 시장의 성장과 모바일화폐

사하라 이남 아프리카는 모바일(휴대전화) 사용이 가장 빠르게 성장하는 지역이다. 국제모바일커뮤니케이션시스템협회 *GSMA, Global System for Mobile Communication Association*에서 2018년에 발표한 자료에 따르면 사하라 이남 지역 모바일 가입자는 4억 4,400만 명이며 이 지역 모바일 인터넷 가입자 수는 지난 10년 동안 4배로 늘었다.

많은 사용자에게 모바일은 온라인에 접속하는 유일한 방법이다. 2017년 말 기준 사하라 이남 지역의 39개 나라(해당 지역 나라 중 5분의 4 정도 수준)에서 135개 모바일화폐 서비스가 사용되고 있으며 1억 2,200만 개의 계정이 이를 이용하고 있다.

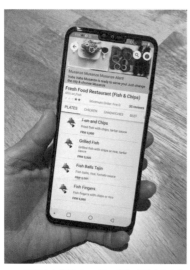

● 르완다에서 널리 쓰이는 배달 애플리케이션

케냐와 남아프리카공화국 등을 필두로 핀테크*를 비롯한 모바일 기반 서비스가 일찌감치 자리 잡으면서 주변 국가로 확산되었는데 비교적 빠르게 4G 통신망을 구축한 르완다 역시 모바일화폐와 모바일 기반 비즈니스를 빠르게 추진하고 있다.

대표적인 모바일 기반 서비스 중 하나는 음식 배달 애플리케이션이다. 2019년 전후에 많은 애플리케이션이 생겼고 2020년 코로나19 팬데믹을 겪으며 등록업체와 사용자가 급증했다. 배달 애플리케이션이 일반화되기 이전에도 르완다에서는 지역을 기반으로 한 온라인쇼핑몰과 배달서비스가 조금씩 개발되어 이용하고 있었다. 그 외에도 우버와 같은 차량공유 서비스인 무브 애플리케이션, 모토택시나 일반 택시의 위치를 확인하고 부를 수 있는 예고와 같은 교통 애플리케이션도 많이 쓰인다.

● 금융과 기술이 결합한 서비스

르완다에서 모바일 기반 비즈니스가 성장하고 있는 배경에는 2018년 완성된 전국 LTE 통신망과 모바일화폐 사용의 일반화가 깔려있다. 특히 르완다의 LTE 통신망은 한국의 통신 기업인 KT가 2014년부터 추진하여 완성했기 때문에 우리에게는 그 의미가 더 크다.

　르완다에는 엠티엔*MTN*, 에어텔*Airtel*, 티고*Tigo*, 팝콘*Popcorn*, 망고*Mango* 등의 다양한 통신사가 있으며 각각의 통신사 모두 LTE 요금제를 제공하고 있다. 사용 지역이나 사용량에 따라 선택하여 이용하면 된다.

　통신사 엠티엔에서 모모페이라는 모바일화폐를 선보여서 현재 상용화 단계이다. 계좌 번호없이 전화번호만으로 상대에게 돈을 보낼 수 있고, 각종 서비스와 결합하여 활용할 수 있는 범위도 넓다. 전기요금 같은 공과금부터 교통·통신 비용 결제, 각종 상점 결제까지 모두 가능하다. 특히 2020년에는 코로나19 바이러스 감염 예방을 위해 정부가 모든 상점에 모바일결제 시스템을 마련하도록 권고하여 이용 범위가 더욱 확대되었다.

르완다에서도 '뻐카충'을 한다

'뻐카충'이라는 말을 아는가? 학생들이 주로 쓰는 말로 '버스 카드 충전'을 줄인 말이다. 르완다의 수도 키갈리의 주요 교통수단 중 하나는 버스인데 버스요금을 현금으로 지불해도 되지만 버스 전용카드가 있어 '뻐카충'을 한 다음 결제할 수도 있다.

처음에는 한국에서처럼 버스 카드를 충전하고 버스를 탈 때마다 단말기에 카드를 대는 것이 낯설게 느껴졌다. 당연히 현금결제만 되겠거니 생각한 내게 신선한 충격이었던 것이다. 르완다이기 때문에 버스 카드를 상상하지 않았던 것 또한 선입견임을 깨닫고 반성하는 계기가 되었다.

버스노선이 많지 않고 버스 운행 대수도 많지 않은 편이긴 하지만 시내 주요 지점 대부분에 버스정류소가 있다. 버스요금은 노선별로 다르지만 대체로 300르완다프랑으로 400원 정도이다. 가격이 저렴한 편이라 많은 시민이 이용한다. 출

● 시내버스 교통 카드 탭앤고

퇴근시간에는 정류소에 줄 서 있는 사람들을 쉽게 볼 수 있다.

버스가 닿지 않는 지역으로 이동할 때는 주로 모토택시를 이용한다. 오토바이 기사가 뒷자리에 한 명씩 승객을 태워서 이동하는 방식이다. 기사는 대개 소속된 회사의 조끼를 입고 있고 승객에게 건네줄 헬멧을 팔에 걸고 있어 쉽게 알아볼 수 있다.

모토택시는 승객이 가고자 하는 지점까지 이동하기 때문에 정해진 가격이 없고 보통 타기 전에 흥정해서 가격을 정한다. 가까운 거리는 300르완다프랑부터 시작하고 이동 거리와 도로 사정에 따라 가격이 더해진다. 이동 거리에 따라 암묵적인 가격이 있으나 외국인에게는 종종 바가지를 씌우기도 하므로 이용하기 전에 이동 거리에 대한 통상적인 가격을 확인하고 흥정에 임하는 것이 좋다.

르완다는 지형상 언덕길이 많고 모토택시 기사들이 과속을 하는 경우가 많아 사고가 잦은 편이다. 오토바이 사고는 상해 정도가 심하고 인명사고로 이어지는 경우도 많다. 때문에 해

● 승객을 기다리는 모토택시 기사들　　　　　(출처-megasafaris rwanda)

외봉사단원들에게는 안전상의 이유로 모토택시 이용을 금지
하기도 한다.

　버스나 모토택시에 비해서는 비싸지만 일반 택시도 있다.
기본료는 2,000르완다프랑으로 2,500원 수준이며 택시정류소
에서 이용하거나 콜택시 번호로 전화해 부를 수 있다.

　도시 간 이동수단으로는 시외버스가 있다. 르완다는 국토
의 대부분이 산지라서 능선을 따라 구불구불 이어지는 도로
가 많다. 그래서 실제 거리에 비해 어느 지역을 가든 이동시간
이 오래 걸린다.

영화 〈블랙팬서〉와 전통 종교

영화 〈블랙팬서*Black Panther*〉는 아프리카의 가상 국가 '와칸다'를 배경으로 흑인 영웅을 그려내어 많은 이의 관심과 호응을 받았다. 영화 속에 녹아있는 아프리카 문화를 발견하는 재미도 쏠쏠하다. 그중 주인공인 블랙팬서가 죽음에 가까이 이르러 사후 세계와 비슷한 공간에서 선대왕들을 만나는 장면이 있다. 만화적 상상이자 환상으로 볼 수도 있겠지만 사실 이 장면은 아프리카 문화권에서의 사후 세계에 대한 인식을 그린 것이다.

현대사회에서의 시간관념은 서구의 인식에 기반을 두고 있다. 탄생에서 죽음까지 선형적으로 진행되고 사후 세계는 불멸의 시간으로 인지되곤 한다. 우리에게 친숙한 동양의 시간

● 아프리카 문화를 볼 수 있는 〈블랙팬서〉

관념은 이와 다르다. 윤회나 환생을 이야기하는 동양에서 삶은 선형이라기보다는 나선형에 가깝고 하나의 생이 끝나더라도 끝이 아니라 다른 생으로 이어지는 과정일 뿐이다.

아프리카 문화권에서 시간은 넓은 평면 위에 찍힌 점과 같다. 과거와 현재와 미래를 명확하게 구분 지어 생각하지 않는 편이고 '현재'에 집중하여 사고한다. 1년 내내 기후가 비슷하고 환경의 변화가 크지 않은 데다가 공동체를 이루어 농경이나 목축을 해왔기 때문에 개인의 경험보다는 공동체의 경험이 시간을 인지하는 중요한 기준이다. 개인은 그 사이에서 늘 현재에 집중할 뿐이다.

동양에서처럼 조상을 위한 제사를 지내지는 않지만 르완다에서는 자녀들의 이름에 선대 어른들의 이름을 넣어 공동체를 구분 짓고 기억한다. 문자로 기록을 시작하기 전 전통 사회에서는 다른 공동체의 사람들이 만나면 서로의 선대 조상들의 이름을 대서 공동체를 확인했다고 한다. 조상들의 업적이나 그들의 말도 구전으로 전했기 때문에 과거의 기억이 현재에도 생생하게 영향을 미쳤고, 그렇게 만들어진 공동체를 유지하는 것이 중요하게 여겨졌다.

〈블랙팬서〉에서 보이는 사후 세계와 비슷한 공간도 아프리카 문화를 기반으로 생각해보면 사후 세계라기보다는 현재 시점에 늘 존재하는 선대 조상들을 초자연적인 현상을 통해 만난 것이라고 봐야 할 것이다.

어느 문화권에서든 자연에 기대어 사는 시대의 사람들이 그랬듯 르완다 전통 사회에서도 자연물에 깃든 신에 대한 믿음이 있었다. 그리고 그들과 소통하는 주술사가 있어 신과 인간(특히 왕족)을 매개했다. 현대사회에는 이런 믿음을 가진 사람들이 거의 없어졌지만 민간요법을 사용하여 병을 치료하거나 치유 의식을 행하는 주술사는 아직 남아있다.

전통적으로 시간을 인지하는 방식이나 자연에 대한 믿음은 오늘날에는 그다지 남아있지 않다. 특히 제노사이드 이후 세대들은 이전 세대와 단절되어 성장해왔기 때문에 과거의 방식을 접할 기회가 많지 않았다. 현재의 청년층 이하 연령대는 보편화된 서구적 생활 방식이나 인식을 가지고 있고 민간요법에 대한 믿음도 이전 세대에 비해 거의 없다.

종교의 자유와 국경일

국경일과 공식 기념일을 보면 그 나라의 종교와 허용범위를 알 수 있다. 예를 들어 한국은 불교의 축일인 석가탄신일과 기독교의 축일인 성탄절을 모두 공휴일로 지정하고 있지만 중국과 일본에서는 성탄절이 공휴일도 아닐뿐더러 서양의 축제 정도로 여긴다.

한국에서 성탄절이 공휴일로 지정된 것은 기독교 인구가 채 5퍼센트도 되지 않았던 1945년 해방 직후이고 기독교 인구가 전 인구의 4분의 1 이상으로 늘어난 요즘에는 많은 사람이 종교적 의미를 가지고 기념하는 날이 되었다.

르완다는 종교적 자유가 허용되는 나라이며 기독교와 이슬람교 등의 종교가 조화롭게 공존하는 나라이기도 하다. 2012

년의 인구조사에 따르면 르완다 인구의 44퍼센트가 가톨릭, 28퍼센트가 개신교, 12퍼센트가 제7일 안식일교 등으로 인구의 80퍼센트 이상이 기독교 신자이다. 무슬림의 비율은 약 2퍼센트 정도에 불과하지만 공동체가 견고하다.

르완다의 공휴일은 총 15일인데 그중 절반 가까운 7일이 종교와 관련된 날이다. 정부에서 지정한 공휴일 이외에 종종 대통령이 임시공휴일을 선포하는 경우도 있다. 대개 공휴일 전후로 주말이 있으면 휴일을 대체하거나 연장하는 경우가 많으며 임시공휴일은 라디오와 TV, 트위터를 통해 공지된다.

한국에서는 공휴일에 외출하거나 외식을 하는 경우가 많아 각종 상점의 대목으로 여겨지나 르완다에서는 공휴일에 문을 닫는 상점이 많다. 각 종교 기념일에 해당 종교의 신자들은 종교시설에서 기념행사를 하고 그 종교를 믿지 않은 사람들도 함께 축하하는 분위기이다. 종교 간의 갈등이 없을 뿐 아니라 특정 종교의 포교 활동도 두드러지지 않는다.

르완다의 공휴일

새해(New Year's Day) : 1월 1일

새해 다음 날(Day after New Year's Day) : 1월 2일

영웅의 날(National Heroes Day) : 2월 1일
　한국의 현충일과 유사한 의미를 지니고 있는 날이다. 식민 통치에서 벗어나기 위해 투쟁했던 군인, 국가를 위해 자신을 희생한 영웅을 기리는 날이다.

성금요일(Good Friday) : 부활절 전 금요일
　예수의 십자가 처형과 갈보리에서의 죽음을 기념하는 날이다.

부활절 월요일(Easter Monday) : 부활절 직후 월요일
　많은 기독교 국가에서 부활절 월요일을 공휴일로 삼고 있다.

제노사이드 기념일(Genocide against the Tutsi Memorial Day) : 4월 7일
　1994년 4월 7일~7월 7일까지 이어진 대학살(제노사이드)을 추모하는 날이다. 'Kwibuka(퀴부카, 기억하는 것이라는 의미)'라는 국가 주도의 애도 기간이며 짧게는 일주일에서 길게 100일까지 정부

및 지방자치단체에서 추모행사를 연다.

노동절(Labor Day) : 5월 1일

독립기념일(Independent Day) : 7월 1일
1962년 벨기에에서 독립한 날이다. 국민투표를 통해 지배권을 획득한 후투 정권이 1961년 공화국을 선포했고, 1962년 벨기에의 승인을 받아내어 공식적인 독립 정부로 출범했다.

광복절(Liberation Day) : 7월 4일
1994년 일어난 제노사이드의 종식을 기념하는 날이다. 폴 카가메가 이끄는 르완다애국전선이 제노사이드의 주범 세력을 진압하고 종식을 선언한 날이다. 더불어 4월 7일 시작된 애도기간의 끝을 의미하는 날이기도 하다.

추수감사절(Umuganura Day) : 8월 첫 번째 금요일
키냐르완다로 '우무가누라'는 '첫 열매 축제'를 의미한다. 수확의 철을 맞아 이를 감사하고 기념하는 날이다.

성모승천일(Assumption Day) : 8월 15일
가톨릭교회의 축일로, 성모마리아가 이 세상에서의 생활을 마치고 몸과 영혼이 승천한 것을 기리는 날이다.

크리스마스(Christmas Day) : 12월 25일
예수 그리스도의 탄생일이다.

박싱데이(Boxing Day) : 12월 26일

확실한 기원이 있는 것은 아니지만 도움이 필요한 사람들에게 돈이나 선물을 주는 유럽의 전통이 교회의 크리스마스 기간 구호물품 지급과 이어졌다는 설이 있다. 영국 및 과거 영국 식민지 국가에서 주로 기념한다.

라마단 종료일(EID AL FITR) : 이슬람력 10월 1일

라마단 금식이 끝난 날이다.

희생제(EID AL-ADHA) : 이슬람력 12월 10일

아브라함이 하나님에 대한 순종의 행동으로 아들을 바치려 하자 알라가 아들 대신 희생할 제물로 어린 양을 바치도록 한 것을 기념하는 날이다.

당신이 소를 가질 수 있다면

르완다는 여전히 재정의 많은 부분을 해외 원조에 기대고 있지만 국고를 활용하여 효율적인 개발 활동을 하기 위해 다양한 노력을 기울이고 있다. 정책을 구상하고 추진하는 모습을 보면 다른 사하라 이남 아프리카의 나라와는 다른 점이 많이 보인다. 파격적인 환경정책이나 여성정책, 외국인투자 유치를 위한 진입장벽 완화 등이 그렇다.

또 다른 측면에서는 전통적인 맥락에서 사회개발 프로그램을 발굴하는 것도 돋보인다. 르완다는 국토 면적이 작지만 주변 나라와 구분되는 문화와 역사를 가지고 있다. 과거 하나의 나라였던 부룬디와는 언어나 문화가 유사하지만 이웃하고 있는 나라인 콩고민주공화국이나 우간다, 탄자니아와는 언어도

● 난자의 왕궁박물관에 있는 소. 왕족의 상징으로 뿔이 크고 길게 자라는 것이 특징이다.

다르고 주거 양식이나 의복, 제례 등의 풍습도 다르다. 독자적인 문화에 대한 자부심도 커서 사회발전 및 개발 정책을 세우는 데도 전통을 차용하여 정체성을 강화하고자 하는 시도를 이어가고 있다.

기린카Girinka는 전통을 바탕으로 한 개발 프로그램 중 하나로 '소를 가질 수 있다'는 의미이다. 말 그대로 소를 지원해주는 프로그램이다. 가난한 가정에 암소를 주고 그 가정에서 잘길러 송아지를 낳으면 그중 첫 번째 암컷 송아지를 다른 가난한 가정에 주는 방식으로 받은 소를 갚는다. 국제 개발기관에서 지역개발사업으로 시행하는 가축은행과 유사한 모델이다.

소는 르완다 사람들에게 매우 특별한 동물이다. 단지 유목 및 목축의 생계수단일 뿐 아니라 부의 척도이며 권위의 상징이었다. 전통 사회에서 소는 매우 귀하게 여겨졌기 때문에 '소를 준다'는 것은 아주 큰 의미를 지닌 행위이자 의식이었다. 일반적으로 분가하는 자녀에게 재산 분배 및 가정의 독립이라는 의미로 소를 주곤 했는데 그 외에도 특별한 의미를 지닌 '소 선물'의 전통이 있었다.

첫 번째는 '쿠가비라_Kugabira_'이다. 감사의 의미 또는 우정의 표현으로 소를 선물하는 것을 의미한다. 두 번째는 '우부하케_Ubuhake_'이다. 가난한 집의 아들이 결혼할 때 부잣집이나 가문에서 결혼지참금으로 가져갈 소를 빌려주고 노역으로 이를 대신하게 하는 것을 의미한다. 소를 주는 사람과 받는 사람 간에는 특별한 관계가 형성되는데 이것이 일종의 사회계약처럼 작동하기도 했다.

우부하케로 소를 받은 사람은 소를 준 사람에게 충성의 표시로 농장 일이나 소 돌보는 일을 도왔다. 이런 관습이 점차 사회계층 분리로 이어져 소를 가진 자들이 지배계급으로, 소를 가지지 않은 자들이 피지배계급으로 굳어졌다.

르완다 정부가 기린카를 시행한 가장 큰 이유는 극심한 빈곤을 해소하고 어린이 영양실조를 해결하기 위해서였다. 2005년 실시된 조사에 의하면 농촌지역의 빈곤율은 62.5퍼센트였으며 5세 미만 아동의 45퍼센트가 영양실조였고 19퍼센트는 '심각

● 기린카 프로그램을 통해 소를 받은 수혜자 　　　　　　　(출처-kt press)

한' 영양실조 상태였다.

　정부는 2006년 기린카를 실시하면서 가난한 가정에 소를 지급함으로써 일거양득의 효과를 노렸다. 소를 지급받은 가정은 소를 키우는 동안 우유를 짜서 직접 섭취할 수 있다. 아이들의 영양실조를 해결하면서 가정의 영양 문제도 함께 개선할 수 있는 것이다. 남은 우유는 팔아서 소득을 얻을 수 있다. 소는 버릴 게 없는 동물이라고 하지 않던가. 소의 분비물은 폐기물이 아니다. 훌륭한 퇴비가 될 수 있다. 이 천연 퇴비를 활용하면 토지의 영양이 좋아져 수확이 늘어난다. 이 또한 가계소득으로 이어질 터이다.

　2006년 기린카 프로그램을 시작하면서 정부는 2017년까지 37만 마리의 소를 제공하는 것을 목표로 했다. 르완다 매체인

〈뉴타임스New Times〉에 따르면 실제 2018년까지 제공된 소는 총 34만여 마리로 목표를 97.5퍼센트 달성했다. 프로그램 실행 초기에는 날씨나 질병 등의 문제로 어려움을 겪기도 했으나 교육을 비롯해 약품과 도구도 함께 지원되면서 점차 개선되었다. 이 프로그램은 르완다 정부뿐 아니라 비정부기구, 민간자금의 협조를 통해 기금을 모았다. 아프리카개발은행은 기린카에 1만 마리가 넘는 소를 지원했다고 한다.

눈에 보이지 않는 효과도 있었다. 기린카를 통해 소를 받은 사람은 첫 암컷 송아지를 다른 사람에게 주게 되어있는데 전통적으로 특별한 의미를 지닌 '소를 주는 행위'를 통해 지역사회 안에서 신뢰와 존중의 관계가 돈독해졌다. 이는 제노사이드 이후 불신과 증오가 남아있던 지역사회에 공동체의식을 되살리는 데 큰 도움이 되었다. 또한 과거에는 지배계급만이 소를 소유했는데 가난한 사람들이 소를 가지게 되면서 계급과 집단에 대한 인식을 전환하는 계기가 되었다. 소로 시작한 문제를 소로 푼 슬기로운 사례로 볼 수 있다.

미래를 여는 열쇳말, '청년'

아프리카 대륙은 다른 대륙과 비교했을 때 '가장 젊은 대륙' 이라고 할 수 있다. 인구의 70퍼센트가 30세 이하이며, 대륙 전체의 평균 연령이 23~24세 정도이다. 물론 이렇게 된 데는 높은 출산율과 길지 않는 기대수명 등과 같은 배경이 있다. 하지만 이것을 문제의 지점으로만 삼을 것이 아니라 현상 그대로 받아들이면 아프리카의 잠재력과 가능성을 설명하는 요소가 되기도 한다.

르완다 역시 14세 미만 영아/아동 비율이 전 인구의 39.4퍼센트(Populationpyramid.net, 2020년 기준)이고, 청년층이 빠르게 사회로 유입되고 있다. 르완다에 있으면서 긍정적인 징조로 보았던 부분은 아동들이 노동에 내몰리는 경우가 거의 없다는 점이다. 사회적 통념이 성숙하지 못한 사회에서는 저항력이 없고 약자인 아동이 쉽게 노동시장으로 끌려간다. 대표적인 사례 중 하나가 서부 아프리카의 카카오 농장이다. 브로커들은 국경을 넘나들며 아이들을 납치해서 농장에 팔아넘긴다. 농장으로 팔려 간 아이들은 카카오가 어디에 쓰이는 작물인지도 모른 채 갇혀서 노예처럼 일한다.

르완다는 일찌감치 교육의 중요성에 눈을 떴고 보편적 초등교육의 달성을 위해 많은 노력을 기울였다. 2018년부터 초등학교 입학률은 95퍼센트를 넘어서고 있으며 무상교육이 이루어지고 있다. 시골 마을에 가더라도 집안일을 돕는다거나 부모님의 일을 돕는 경우는 있지만 아동들이 생계의 주체로 여겨지는 분위기는 아니다. 대개 어린아이들은 부모가 밭일을 하러 간 사이 그들끼리 모여 마을을 뛰어다니며 논다.

교육수준이 높아지고 매체의 발달로 전 세계와 연결되면서 청년들의 의식수준도 향상되고 있다. 최근 아프리카를 설명하는 주요 열쇳말 중 하나가 '청년'이다. 르완다에서도 청년들의 입지를 만들고 지원하려는 움직임이 이어지고 있다.

아프리카 대륙 내에서는 르완다를 비롯한 많은 국가에서 '청년부'를 정부부처로 두고 있고 국가의 중요한 발전 요소로 보고 있다. '유스커넥트*Youth Connect*'라는 청년 포럼 역시 그 일환이다. 청년들의 목소리를 듣고 사회의 주요한 이슈를 청년들과 연결 짓기 위한 행사로, 아프리카 대륙 내 12개국에서 개최되

● 유스커넥트아프리카서밋
2019 공식 포스터

● 유스커넥트아프리카서밋
2019 개막식

고 있다. '유스커넥트아프리카서밋*Youth Connekt Africa Summit*'은 이 청년 포럼의 정상회의 격으로, 매년 대표 나라를 선정해 열리는데 2018년과 2019년 연속으로 르완다에서 이 행사를 유치했다.

아프리카 대륙의 청년들이 직면해있는 문제는 다른 대륙의 청년문제와 크게 다르지 않다. 이제 막 사회에 진입하는 청년들은 대개 '어떻게' 사회에 진입할 것인지(일자리 및 리더십), 그를 위해 '무엇을' 해야 할지(기술 및 경험 습득) 등에 대한 고민을 갖게 마련이다. 유스커넥트아프리카서밋 역시 이런 맥락에서 청년 일자리, 청년 리더십과 같은 주제를 두고 패널 토론을 하기도 하고, 사회 주요 인사들의 강연을 통해 다양한 대안을 모색하고 있다. 아프리카를 비롯한 각 지역, 각 대륙의 청년들이 모여 네트워킹을 하는 자리이기도 하다.

청년들의 문제는 농촌지역보다는 도시지역에서 더 두드러

지기 마련인데 이는 도시의 역동성과 연결된다. 최근 들어 아프리카 대륙에서도 도시화가 빠르게 나타나고 있고, 특히 청년들을 중심으로 인구 유입이 급격하게 늘고 있다. 이들의 일자리 문제가 빈곤, 범죄와 같은 도시문제로 이어지면서 도시 청년의 안정적인 정착과 역할 찾기가 화두로 떠오르고 있다.

2020년 발생한 코로나19 팬데믹은 도시 청년들이 겪고 있는 문제를 심화시키고 있다. 중소 규모의 비즈니스 운영이 어려워지면서 일자리가 더욱 줄었고 경력이 짧은 청년들이 먼저 희생양이 되었다. 최근 몇 년간 정부에서 청년창업을 독려하기 위한 정책과 프로그램을 확대하고 있었는데 바이러스가 야기한 재난 상황으로 인해 이마저 멈춘 상황이다.

시기적, 환경적인 어려움은 있지만 내가 본 르완다 청년들은 이런 상황에서도 자신이 할 수 있는 일들을 찾아 움직이고 있었다. 기회가 닿는 대로 무급일지언정 인턴십 경험을 쌓고 지역사회에서 봉사하거나 필요한 정보를 찾아 학습하는 방식으로 말이다. 르완다 전체 노동가능인구 중 절반에 가까운 44퍼센트가 16~30세 사이의 청년층이다. 이들이 실질적인 사회의 허리층이 되었을 때 르완다에 새로운 바람이 불지 않을까 기대한다.

르완다의 새마을운동 '우무간다'

지금은 다소 잠잠해졌지만 한때 한국의 개발 모델을 세계화하려는 논의의 중심에 새마을운동이 있었다. 새마을운동에 대한 평가는 바라보는 관점에 따라 다를 테지만 '근면, 자조, 협동'이라는 기치 아래 다양한 활동이 이루어졌고 그것을 바탕으로 객관적인 경제적 지표가 상승했음은 부정할 수 없는 사실이다. 지역공동체를 중심으로 구성원의 힘을 모아 공동체의 발전을 추구했다는 점도 주목할 만하다.

공동의 목표를 위한 공동체 활동

르완다에도 새마을운동이 연상되는 사회개발 활동이 있다. 바로 '우무간다*Umuganda*'이다. 르완다에 체류하는 외국인들이 가장 인상 깊게 여기는 우무간다는 '공동의 목표를 달성하기 위해 함께하는 것'이라는 의미로, 일종의 공동체 활동이다.

매달 마지막 주 토요일에 시행되며, 오전 8시부터 11시까지 이어진다. 이 활동이 외국인들에게 인상적인 이유는 우무간다 때는 모든 교통이 통제되며 상점도 문을 닫기 때문이다. 정부 주도로 이렇게 전면적인 통제와 활동 참여가 이루어질 수 있다는 점이 놀라울 뿐이다.

제노사이드 시기 변질된 우무간다

우무간다가 처음 시행된 것은 1974년으로, 각 지역이나 마을 차원에서 지도자들이 우무간다를 조직해 이끌었다. 당시에는 우무간다에 참여하지 않은 사람들은 처벌을 받았기 때문에 강제 노역과 같은 성격이 강했다. 1994년에는 공동체 단위로 숨은 투치를 찾거나 쫓는 일을 하는 것으로 우무간다 활동이 변질되기도 했다. 이후 국가를 재정비하는 과정에서 1998년 '공동체 활동'으로써의 우무간다가 재도입되었고, 2007년에는 공식적으로 법제화했다.

의무사항인 우무간다

18~65세의 르완다 국민이라면 우무간다에 참여하는 것이 의무이다. 65세 이상은 본인이 원하면 참여할 수 있다. 르완다 정부는 르완다에 체류하는 외국인에게도 우무간다에 참여할 것을 권장하는 편이다.

우무간다 시간에는 생업이나 개인적인 일을 멈추고 공동체 활동에 참여해야 한다. 때문에 차량 이동뿐 아니라 도보 이동도 제지될 수 있다. 지역별로 시행되는 방식은 다르지만 시간에 맞추어 차량 방송을 통해 안내하기도 하고 구간별로 군인이 배치되어 지역의 활동 장소로 안내하기도 한다.

우무간다에는 대부분 도로 보수, 다리 건설, 학교 건축이나 지역시설 건축 등 인프라 건설이나 환경보호 활동을 한다. 함께 일을 한 뒤 회의를 열어 활동에 대해 평가하기도 하고 지역사회에 건의사항을 올리기도 한다. 정기적인 공동체 모임을 갖는 셈이어서 우무간다를 통해 시민들에게 중요한 소식이나 공지사항을 알리는 창구로도 활용되고 있다.

● 우무간다에 모여 공동 작업을 하는 지역주민들

우무간다의 성과와 가치

르완다 정부는 우무간다의 성과에 대해 계속 모니터링하면서 세 가지 측면에서 우무간다의 가치를 평가하고 있다.

첫째, 경제적 성과이다. 대부분의 활동이 마을 내 도로나 공공시설 등 인프라를 보수하거나 구축하는 일이기 때문에 경제적인 성취도 높다. 각 수치는 지역별로 집계되는데 수집된 데이터를 바탕으로 정부가 발표한 바에 따르면 2007~2016년까지 10년 동안 우무간다를 통해 구축한 경제적 가치는 약 1억 2,700만 달러 수준이다.

둘째, 환경적 성과이다. 우무간다 활동 때 지역사회 환경 미화나 식수조림 사업, 토양 및 습지 보존 활동 등을 하기 때문에 이로 인한 환경보호 효과가 크다고 발표했다.

셋째, 거버넌스 ● 차원의 성과이다. 이것은 '공동체 의식'으로 풀이해도 좋을 듯하다. 매달 한 번씩 이웃들과 모여서 활동하기 때문에 이웃끼리 서로 알고 지낼 수 있다. 다양한 분야에서 활동하는 사람들이 지역을 중심으로 모여 다양한 관점과 의견을 공유할 수 있다. 이것이 갈등을 중재하고 화합으로 나아가는 데 일조한다는 것이 정부의 해석이다. 일리가 있다. 1인 가구로 살아도 반상회만 잘 조직되어있으면 지역 공동체에서 동떨어질 일이 없지 않던가.

우리가 봤을 때는 '아무리 의미가 좋아도 너무 강제적인 조치가 아닌가'라고 생각될지 모르겠다. 아직은 정권의 장악력이 확실하고 우무간다로 인한 이점에 대중의 동의가 있어 큰 반발은 없는 편이다. 지역별로 발표한 참여율만 보더라도 키갈리와 같은 수도는 80퍼센트대이지만 농촌지역은 90퍼센트가 넘는다.

앞으로 도시화가 더 진행되고 이주 인구가 많아지면 어려움이 생길지도 모르겠다. 도시에서는 아무래도 공동체에서 할 일보다 개인적으로 할 일이 많다고 느낄 테니까. 하지만 우무간다로 인한 불편함을 감수하더라도 그 의미는 지켜갈 만하다고 본다. 공동체의 모습을 지켜가며 지역개발을 지역에서 자력으로 진행하는 모습에는 배울 점이 많다.

● 공동의 목표를 달성하기 위해 주어진 자원 제약하에서 모든 이해 당사자가 책임감을 가지고 투명하게 의사결정을 수행할 수 있게 하는 제반 장치

우수한 품질을 자랑하는 르완다 커피

최근에는 한국의 로스터리 카페에서도 르완다 커피를 어렵지 않게 찾아볼 수 있지만 불과 10년 전만 하더라도 르완다는 커피 산지로 다소 생소한 나라였다. 르완다는 적도 부근에 위치하고 있어 햇빛이 강하면서도 국토의 대부분이 해발 1,000미터 이상의 고지대라 일교차가 크기 때문에 커피가 자라는 최적의 환경을 갖추고 있다.

르완다 커피가 잘 알려지지 않았을 때는 케냐 커피로 둔갑하여 팔리기도 했지만 최근에는 각종 국제 품평회나 테스트에서 우수한 품질을 인정받아 커피 애호가들에게 주목받는 산지가 되었다.

르완다에서 커피가 경작된 것은 식민 지배를 당하던 시절부터이다. 아프리카 식민지를 유럽 열강의 텃밭 내지는 빵 공장으로 생각했던 식민 지배자들은 자신들의 입맛에 따라 식민지의 주요 작물과 주요 산업을 선택했다.

르완다에 커피를 최초로 제안한 인물은 독일 식민지 시절 파견되었던 리처드 칸트*Richard Kandt* 총독이다. 1914년에 그는 "힘과 노력을 집중하면 커피나무 100만 그루를 심을 수 있고 매년 100만 그루씩 증가시킬 수 있다."고 말했다. 당시 루안다-우룬디•를 독일의 커피 농장으로 키우려고 했던 것이다. 하지만 독일이 1차 세계대전에 패전하면서 그의 꿈도 물거품이 되고 말았다.

이후 르완다를 점유한 벨기에는 르완다의 커피에 큰 관심이 없었다. 벨기에의 관심은 오히려 이웃나라인 콩고의 광산에 있었기 때문에 르완다에 무엇을 심거나 만드는 대신 노동력을 취하여 콩고의 광산에 데려다 썼다. 벨기에가 관심을 거둔 탓에 그 시절에는 커피로 융성하지 않았지만 그때부터 르완다 주민들은 커피를 키우고 조금씩 팔기 시작했다.

르완다에서 커피가 자라는 지역은 키부호수 일대이다. 물에 인접해있고 지형이 험하지 않아 커피 재배와 가공하기에 좋다. 르완다의 커피 생산량이 급격하게 증가한 것은 정부가 전략적으로 커피를 수출 작물로 키우면서부터이다. 수십 년간 커피를 키워온 생산자들은 나름의 노하우와 정보를 통해 품질을 개선해가고 있으며 르완다의 빈곤퇴치를 위해 외국의 비영리기관이나 재

• 르완다와 부룬디의 옛 이름

● 클린턴재단의 지원을 받아 대형 로스터를 갖추고 사업을 확장한 고릴라커피 로스터리 공장

단의 지원이 이어지면서 내실을 다지고 있다.

에티오피아를 제외한 아프리카의 커피 생산지에서는 커피가 식민지의 플랜테이션 작물이자 수출 작물이기 때문에 현지인들의 일상에서는 다소 낯선 음료이다. 현지인에게는 커피보다 차가 익숙하다. 하지만 최근 르완다에는 젊은층을 중심으로 커피를 소비하는 문화가 빠르게 자리 잡고 있다. '가장 좋은 품질의 커피는 수출하고 질 낮은 커피만 내수 시장에 유통된다'는 편견이 일부 있긴 하지만 품질 좋은 커피와 좋은 서비스를 제공하고자 하는 카페들이 생겨나면서 편견을 바꿔가고 있다.

르완다의 교육제도

교육과 보건은 국제 개발 협력에서 두 축을 이룬다. 교육받을 권리, 건강한 삶을 누릴 권리는 삶의 질을 나타내는 척도일 뿐 아니라 이것을 통해 국가의 시스템과 관리능력을 볼 수 있다.

교육과 보건의 중요성에 반대하는 사람은 없을 것이다. 하지만 우선순위에도 불구하고 인프라, 인력, 자본 부족으로 인해 많은 개발도상국에서는 여전히 취약한 부문으로 남아있다. 르완다 역시 교육과 보건 의료서비스를 개선하고 확대하기 위해 노력하고 있다.

르완다는 2006년부터 초등 6년, 중등 3년 과정을 무상교육으로 제공하기 시작했다. 무상교육 정책으로 9년 동안은 등록금 없이 학교에 다닐 수 있어 학교 등록률을 크게 높일 수 있을 것으로 기대했으나 기대와는 달리 전후 차이가 크지는 않았다.*

이는 등록금 외에도 다른 진입장벽이 있음을 의미한다. 등록금을 내지 않더라도 교복이나 학교 운영에 비용이 들기 때문에 취약계층은 여전히 자녀를 학교에 보내는 것이 금전적인 부담이 될 수 있었다. 학교가 너무 멀리 있거나 교사가 부족해 제대로 된 교육을 받을 수 없다는 점 역시 학교 등록률이 늘어나지 않는 요인이 되었을 거라 추측해본다.

지금은 지속적인 노력으로 초등학교 등록률을 높이는 데는 어느 정도 성과를 거두었다. 2015년 기준 초등학교 순등록률은 96.9퍼센트이다. 하지만 같은 기간 중학교 등록률은 28.3퍼센트에 그친다. 이는 교육 지속 기간이 길지 않다는 것을 의미한다.

앞서 소개한 바 있는 인간개발지수에 포함되는 지표를 살펴보면 2019년 기준 취학 연령의 아동 대상 기대 교육 기간은

---

* 초등학교 등록률은 지속적으로 증가했지만 무상교육 정책은 여기에 큰 영향을 미치지는 못한 것으로 보인다. 2006년 무상교육이 발표된 기점을 중심으로 보았을 때 2005년에서 2006년 사이에는 16만 명이 늘어난 데 비해 2007년에서 2008년 사이에는 4만 명이 늘어 오히려 그전에 비해 증가율이 둔화되었다.

11.2년이고, 성인 대상 교육 이수 기간은 4.4년이다. 현재 성인층의 교육 이수 시간은 아동들이 받을 것으로 기대되는 교육 기간에 훨씬 미치지 못한다. 현세대의 기대 교육 기간이 늘어나는 만큼 실제 교육 기간도 늘어날 수 있으려면 교육의 질을 높이는 것에서부터 학부모들의 인식 변화, 교육 비용 등 많은 과제를 해결해야 한다.

12년 기본 교육체계

르완다의 교육제도는 유아교육 3년, 초등교육 6년, 전기 중등교육 3년, 후기 중등교육 3년, 고등교육 2~4년으로 구성되어 있다. 초등학교 3학년까지는 모국어인 키냐르완다로 수업하고, 이후에는 영어로 수업하도록 하고 있다. 초등 과정부터 공식 언어인 프랑스어도 교과목으로 가르친다.

중등교육은 전기와 후기로 나뉘는데, 후기 중등교육은 한국의 고등학교 과정에 해당한다. 2008년에 발표한 교육정책은 전기 중등까지 9년을 기본 교육과정으로 하였으나 2012년부터는 후기 중등 과정까지 포함하여 12년 기본 교육체계를 마련했다. 전기 중등 과정은 *O-level*Ordinary-level로 불리며, 후기 중등학교를 공립학교로 진학하려면 전기 중등 과정을 마치고 국가시험에 통과해야 한다. 시험을 통과하지 못하면 1년 후에 다

시 시험을 치거나 시험 점수와 상관없이 입학할 수 있는 사립 학교에 진학할 수밖에 없다.

후기 중등 과정은 *A-level*Advanced-level로 불리며 과학·인문· 외국어·사범·직업기술로 분야가 나뉜다. 전기 중등 과정과 마 찬가지로 3년 교육 이후에 국가시험을 치른다. 우리나라의 대 학과 같은 고등교육에 진학하려면 모든 과목을 C- 이상 획득 해야만 한다.

기대수명을 늘린 보건과 의료 정책

르완다의 국민의료보험, 뮈튀엘

르완다 보건 및 의료 수준은 제노사이드 전후 최악이었다. 1998년 영아사망률이 23퍼센트*에 이를 정도였다. 태어나는 아기 5명 중 1명은 5세 이전에 사망했다는 이야기이다.

제노사이드 이후 르완다는 정부의 최우선 과제 중 하나를 보건 분야로 두고, 자체 자금을 비롯해 외부자금을 보건 분야에 적극적으로 조달했다. 대표적인 정책이자 성과 중 하나가 국민의료보험인 '뮈튀엘*mutuelles*'이다.

---

* 만 5세 이전 사망 비율 (출처-세계은행)

르완다에 국민의료보험이 처음 소개된 것은 1999년이다. 정부는 국가의 중장기 전략으로 전 국민 의료보험 가입을 지속해서 추진했다. 초반에는 보험료 부담과 낯선 정책에 대한 거부감으로 2000년대 중반까지 가입률이 50퍼센트에도 미치지 못했지만 국제 개발 파트너를 통한 자금 지원과 적극적인 정책 추진으로 2010년 이후에는 가입률을 90퍼센트 이상으로 끌어올렸다.

국민의료보험 도입 초기에는 모든 사람에게 2달러 정도의 보험료를 동일하게 적용했으나 2011년 이후 차등을 두어 취약계층은 무상으로, 소득수준에 따라 최대 8달러까지 지불하도록 제도를 정비했다. 이를 통해 보험료를 지급하기 어려운 취약계층도 최소한의 의료서비스를 받을 수 있게 되었다. 이는 아프리카 대륙에서 가장 뛰어난 수준의 복지일 뿐 아니라 세계적으로도 국가 경제 수준 대비 가장 폭넓은 의료서비스라고 할 수 있다.

농촌지역을 위한 말라리아 프로젝트

르완다는 2005년부터 '말라리아 프로젝트'를 통해 농촌지역에 모기장을 배포하고 있다. 또한 수유기의 아동에게는 지역에 상관없이 예방접종을 하면서 해당 가구가 모기장을 받을 수 있도록 지원한다. 이를 통해 말라리아 발생률을 낮추고 영아 사망을 예방하려 노력하고 있다.

이 같은 노력에 힘입어 르완다 국민의 기대수명은 1995년 31세에서 2021년 69세로 늘어나면서 비약적인 성과를 이루었다. 여전히 전염병을 비롯한 많은 질병이 성행하고 의료인도 턱없이 부족하지만 그간의 보건 부문 발전과 개선 사항은 주변국에 귀감이 되고 있다.

전통을 배우는 이토레로

처음 한복을 입었을 때를 기억하는가? 어른에게 큰절은 어떻게 하는지 배운 적이 있는가? 우리는 보통 가족모임이나 학교 또는 각종 특별 교육을 통해 전통을 배운다. 현대 산업사회에서 전통은 계승해야 할 것, 알아야 할 것으로 이야기하지만 생활의 영역보다는 역사나 지식의 영역으로 여겨지곤 한다.

르완다도 크게 다르지 않다. 특히 독일과 벨기에의 식민 지배를 거치며 전통이 거의 말살되었고 제노사이드를 통해 세대가 단절되다시피 했기 때문에 전통이 무엇인지조차 모르는 어린이와 청년이 대다수이다.

르완다는 '이토레로*Itorero*'라는 사회교육을 통해 전통의 가치를 알리고 계승하려는 노력을 하고 있다. 이토레로는 과거 르완다 왕국에서 이어져 오던 교육 방식이지만 과거의 이토레로와 현대의 이토레로는 내용과 방식이 매우 다르다.

이토레로를 처음 시작한 것은 르완다 왕국의 첫 번째 왕인 기항가 은고미자나_Gihanga Ngomijana_ 왕이었다. 그는 왕국 내 르완다 사람들의 공동체를 강화하고 왕국에서 중시하는 가치를 전파하기 위해 이 교육을 고안했다.

전통적인 이토레로는 일종의 '성인이 되기 전 소양을 키우는 교육'이었으며, 14세 이상의 청소년 남녀가 교육을 받았다. 소년들은 사냥하는 법, 가정을 보호하고 나라를 지키는 법, 애국심 등을 배웠고, 소녀들은 가정을 돌보는 법과 바구니, 돗자리 같은 생활용품 만드는 법을 배웠다. 이는 일종의 공동체 교육, 공동양육과 같은 방식으로 진행되었다. 특히 남성의 경우 지도자를 양성하기 위한 과정으로 여겨졌으며 우수한 성적을 거둔 수료생에게는 소나 땅을 주었다.

이토레로는 식민 지배 이전 전승되던 공동체 내 교육이었으나 식민 정부는 이토레로에서 추구하는 가치가 현대적 가치와 부합하지 않는다는 이유로 1924년 이를 금지했다. 이에 대해 일각에서는 르완다 사회를 분열시키기 위해 공동체 통합을 중시하는 이토레로를 식민 정부가 금지했다고 보기도 한다.

식민 정부는 이토레로 대신 서구식 교육제도를 도입했고, 1994년 제노사이드 이후 집권한 정부가 이토레로를 부활시키기 전까지는 역사에서 사라져 있었다.

● 높이뛰기를 하는 르완다 전사. 성인 남성의 기량을 보여주는 수단으로 이토레로의 과목
중 하나인 높이뛰기를 하고 있다.　　　　　　　　　　　　　　　　　　　(출처-playing pasts)

제노사이드 이후 공동체를 복구하고 국가 정체성을 되찾는 과정에서 르완다 정부는 전통적인 이토레로를 차용해 '르완다 문화와 전통을 학습하고 계승하는 과정'으로써의 이토레로를 개발했고, 2007년 정식으로 부활을 선포했다.

현재 이토레로는 지역단위에서 교육이 이루어지고 있으며 르완다의 역사를 비롯해 전통춤과 노래 등을 가르치고 있다. 르완다 국민이라면 누구라도 빠짐없이 2주간의 이토레로 교육을 이수해야 한다.

공무원이나 교사, 보건종사자 등에게도 국가 차원에서 이토레로를 시행하고 있으며 이 경우 직무 관련 훈련이나 거버넌스에 대한 교육이 이루어진다고 한다.

제노사이드와 평화교육

제노사이드 종식 후 새롭게 정권을 잡은 신정부의 최대 과제는 무너진 사회와 공동체를 복구하는 것이었다. 형법 차원에서 죄를 규명하고 처벌하는 것은 사법부와 민간 재판 가차차_Gacaca_를 통해 빠르게 진행되었지만 처벌이 공동체의 신뢰를 회복시켜주는 것은 아니었다. 생존자의 일부는 가해자들이었고 가까운 이웃 사이에 살육과 수탈 등 범죄가 일어났던 터라 가해자와 피해자가 여전히 같은 마을에서 얼굴을 맞대고 살아야 하는 상황이었다.

피해자의 치유와 가해자의 속죄를 위해 정부와 NGO가 시도한 방식은 대화의 자리를 만드는 것이었다. '평화클럽_Peace Club_'이라는 이름으로 각 지역과 학교에서 제노사이드를 회고하고 속죄하는 그룹 활동이 계속해서 이어졌다. 이를 통해 가해자는 자신이 저지른 일에 대해 떠올리고 되새기면서 잘못을 구체화하고 진심으로 피해자에게 사과할 수 있는 마음의 준비를 할 수 있었고, 피해자는 반복적으로 과거를 회고하고 사과받는 과정을 통해 가해자를 용서할 마음을 먹을 수 있었다.

정부가 강력하게 '하나의 르완다'를 주창하고 갈등을 종식하기 위한 목적으로 '함께 이루는 평화와 발전'을 강조했기 때문에 이 같은 평화클럽 활동도 인위적이고 일방적으로 이루어진 것이라 보는 시각도 있다. 개인과 사회에게 상당한 트라우마로 남을 법한 사건인데도 국제사회에 갈등의 봉합을 선전하기 위해 억지로 화해의 사례를 꾸며낸 것이 아니냐는 의심의 시선도 있다.

실제 피해자들이 진심으로 가해자들을 용서했는지는 알 수 없다. 하지만 평화클럽의 활동은 대화와 상황 재연을 통해 상황을 객관화하고 진심 어린 사과와 용서를 주고받을 수 있게 하는 것이다. 최근 갈등 조정이나 심리치료에 많이 활용하고 있는 자기 회고나 역할극과 비슷한 방식이라고 이해하면 될 것이다.

당사자 간의 화해 못지않게 중요한 부분이 전후 세대에게 전할 메시지이다. 제노사이드 이후에 태어난 세대에게 제노사이드의 발발과 전개는 쉽게 이해할 수 있는 것이 아니다. 하지만 이를 빼놓고는 공동체 구성이나 사회의 질서를 이야기하기 어렵다. 그래서 정부는 생존자들을 선별하여 제노사이드에 대해 설명하고 평화의 필요성을 이야기하는 '평화교육 강사'로 양성했고, 이들을 학교로 파견해 학생들이 제노사이드에 대해 이해하고 알 수 있도록 교육했다.

생존자들이 어린 학생들을 만나 제노사이드에 대해 이야기할 때는 역사적으로 접근하거나 아픈 과거로 이야기하기보다 왜 평화가 필요한지에 대한 부분과 갈등을 피하려면 비판적인 사고를 해야 한다는 점에 더 집중하고 있다.

중등 과정부터 대학까지 배우는
기업가정신

나는 아프리카 청년들의 사회적, 경제적 독립을 위한 훈련과 고용을 하고 있는 외식업 기반 소셜 벤처를 운영하고 있다. 직원들과 일반 훈련생을 대상으로 직무훈련뿐 아니라 경영교육 등 다양한 훈련을 진행한다. 처음 르완다 청년 직원들을 대상으로 기업가정신entrepreneurship에 대해 교육할 때 당연히 모두 생소해할 것이라 생각했는데 의외로 모두가 익숙하게 받아들여서 놀라웠다. 기업가정신에 대해 들어본 적 있냐고 물었더니 학교에서 배웠다고 해서 다시 놀랐고, 좀 더 조사해보니 공통 교육교과 중에 기업가정신이 있어서 더욱 놀랐다.

르완다의 정규교과 과정 중, 중학교에 해당하는 전기 중등 과정부터 고등학교까지 총 6년의 커리큘럼 안에 기업가정신이 필수 교과목으로 편성되어있다. 르완다는 내수 시장 규모가 작고 현지 자생 기업의 수가 많지 않기 때문에 고용 시장의 규모도 작은데 이를 개선하기 위한 방안으로 창업을 독려하고자 만든 방편이 아닌가 싶다. 정규교육을 이수하지 않은 학업 중단 청년과 여성에게는 르완다개발청*RDB, Rwanda Development Board*에서 기업가정신을 훈련하는 별도 코스가 마련되어있다.

기업가정신에 대한 방향성을 제시하는 인적자원개발부에서는 모든 르완다인이 기업가정신을 함양해 창업과 이를 통한 소득을 창출하게 하는 것을 목표로 한다고 밝히고 있다. 다른 아프리카 나라에서도 이와 비슷한 목적을 가지고 기업가정신을 교육과정 안에 포함한 경우가 있지만 르완다는 그중에서도 가장 적극적으로 교육하고 있는 편이다.

그 근간에는 청년실업 문제가 있다. 르완다는 인구의 67퍼센트가 25세 이하의 청년일 정도로 아동/청년층의 비율이 높은데 미취업자의 70퍼센트가 청년층인 것으로 파악되고 있다. 이 청년들이 마땅히 편입될 수 있는 일자리가 많지 않기 때문에 창업을 독려해 실업률을 낮추고 현지 중소기업의 설립을 돕고자 기업가정신에 대한 교육에 집중하는 것이다.

기업가정신을 정규 커리큘럼 안에 편성한 것은 2016년부터인데, 대부분의 교육 내용이 상거래, 회계, 법 규정 등 규정에 관련한 이론이다. 시작된 지 얼마 되지 않았기 때문에 이론 위

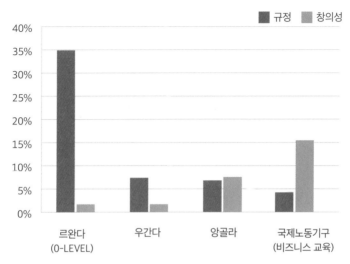

기업가정신 교육 과정 중 규정과 창의성 내용의 비율

■ 규정　■ 창의성

(그래프: 르완다(0-LEVEL), 우간다, 앙골라, 국제노동기구(비즈니스 교육))

● 국제노동기구의 커리큘럼(맨 오른쪽 막대그래프)과 비교해보았을 때 르완다의 교육(맨 왼쪽 막대그래프)은 창의성 부분이 낮고 규정 부분이 월등히 높다.
(출처-Catherine Honeyman, 'Entrepreneurship Educahtion in Rwanda)

주로 교육이 이루어지는 점도 있지만 이를 가르치는 교사들 역시 기업가정신에 대한 이해가 깊지 않아 실습이나 창의성 발굴까지 이어지긴 어려운 것 듯하다. 앞으로 커리큘럼 구성이나 교육 방식은 발전시켜야 할 부분이 많다.

　정부가 나서서 기업가정신을 이야기하고 청년들의 창의성을 독려한다는 점은 매우 고무적이다. 구체적인 결과를 확인하기까지는 시간이 더 필요하겠지만 청년 기업과 스타트업의 성지로 거듭나기 위한 씨앗을 뿌리고 있다는 점에서 르완다의 미래가 기대된다.

르완다에서도 교사는 좋은 직업일까

한국에서 학생들을 대상으로 장래희망을 조사해보면 항상 상위에 '교사'가 있다. 어린 학생에게는 선생님에 대한 동경이 어느 정도 작용한 것일 테고 대학 진학에 가까운 학생에게는 직업적인 안정성이나 사회적 지위가 고려된 결과일 것이다.

한국 사회에서는 교사 직군이 좋은 직업으로 꼽힌다. 연봉만 보면 의사나 변호사 같은 전문직에 비해 낮을 수 있지만 안정적이고 퇴직까지 근속이 보장된다는 점이 강점이다. 사회적인 지위를 보았을 때도 존경받는 직업에 속한다.

르완다에서 교사가 되려면

르완다에서도 교사는 좋은 직업일까? 교사가 되고자 하는 사람, 사범학교에 진학하는 수요를 기준으로 이야기하자면 그렇지 않다고 답해야 할 듯하다.

르완다에서 교사가 될 수 있는 방법은 세 가지인데 직업훈련고등학교 수준의 교사훈련학교를 나오거나 전문대학 수준의 교육대 또는 키갈리교육원을 나와야 한다. 교사훈련학교를 졸업하면 초등학교 교사, 교육대를 나오면 중학교 교사, 키갈리교육원을 나오면 고등학교 교사가 될 수 있다.

교사가 비선호 직업인 이유

교사 급여는 학력에 따라 책정되는데 교사훈련학교를 나온 초등 교사는 한 달에 약 30달러를 받고 종합대학 수준으로 여겨지는 키갈리교육원을 나온 고등 교사는 120달러 정도를 받는다. 학력에 따른 급여 차이가 크다. 하지만 이는 동일 수준의 학력을 가진 사람이 일반 공무원이 되었을 때 받는 급여의 절반 정도밖에 되지 않기 때문에 교사에 대한 수요가 많지 않은 편이다.

고등학교에 진학할 때 과학, 기술, 인문, 외국어, 교육 등 분야를 선택해야 하는데 교육 분야를 선택하는 학생들의 비율이 가장 낮다. 급여를 비롯해 사회적 지위가 낮아 학생들은 교사라는 직업을 그다지 선호하지 않는다.•

상황이 이렇다 보니 교사들의 수준이 높지 않고 교육의 질이 떨어지는 경우가 많다. 낮은 임금 때문에 교사들은 생계를 위해 두 개 이상의 직업을 가지기도 하고 기회가 닿으면 이직을 하려 한다. 많은 학교에서 교사들이 학교를 떠나고 이 때문에 생기는 교육 공백이 학생들에게도 악영향을 미친다.

교육은 미래를 위한 투자

르완다의 교육제도는 한국과 유사하게 초등 6년, 중등 3년, 고등 3년, 대학 4년으로 구성되어있다. 2003년에 초등학교 등록금이, 2007년에는 중학교 등록금이 폐지되면서 초등 및 중등 과정 9년 동

• 르완다에서 사회적 지위가 낮은 4개의 직업군이 있는데 교사, 간호사, 군인, 경찰이 그것이다. 안정적인 직업군으로 선호되고 있는 한국과는 정반대 상황이다.

안은 무상으로 교육이 이루어지고 있다. 무상교육으로 전환되면서 학교 등록 비율이나 기초교육 달성률은 늘었지만 교사의 역량 부족으로 인한 낮은 교육의 질은 여전히 숙제이다.

정부에서 교육에 투자하는 예산도 늘 빠듯해 교사의 임금이 낮은 수준에 머물러 있고 학교 설비나 운영에 대한 지원이 부족하여 학부모들이 운영위원회를 통해 기금을 모아 이를 보조하고 있는 실정이다. 이는 비단 르완다뿐 아니라 사하라 이남 아프리카의 많은 나라가 겪고 있는 문제이기도 하다.

'교육이 미래'라는 구호의 진의를 이해한다면 정부를 비롯한 이해관계자들이 '더 나은 교육'을 위해 고민하고 노력해야 할 것으로 보인다.

르완다의 구멍가게, 부티크

여행할 때 그 지역의 전통시장을 방문하는 것은 지역의 생활상과 활력을 확인하는 좋은 방법이다. 르완다에도 지역마다 시민들에게 생활 물자 지급처 역할을 하는 상설시장이 있다.

수도 키갈리에는 여러 개의 상설시장이 있는데 그중 가장 큰 것은 키미롱코*Kimirinko*에 위치한 시장이다. 농산물, 수산물, 공산품 및 기념품까지 판매하는 종합 시장이다. 냐부고고*Nyabugogo*시장에는 청과물, 냐미람보*Nyamirambo*시장에는 중고품 위주로 판매가 되고 있다.

키미롱코시장은 시장 내 구획이 나누어져 있어 각 구획 별로 판매하는 물품이 다르다. 가판의 모습이나 판매하는 양상이 구획별로 다르기 때문에 관광객에게는 좋은 볼거리이다. 또 운

● 키미롱코시장의 외부와 내부 모습

이 좋으면 괜찮은 품질의 기념품을 기념품 판매점보다 저렴하게 구매할 수 있다. 그러나 이곳에서 판매되는 물건 대부분은 기념품 판매점의 선별된 기념품보다 품질이 떨어지는 편이다.

키미롱코시장에서 외국인의 눈에 가장 흥미로운 구역은 아마도 아프리카 천을 파는 곳이 아닐까 싶다. 천 시장 쪽에는 아프리카 특유의 화려한 색감과 다양한 패턴이 가득한 원단이 걸려있다. 원단뿐 아니라 이 천을 활용해 만든 옷이나 가방 등도 있으며 한쪽에는 재단사들이 재봉틀을 두고 앉아 즉석에서 옷을 만들어주기도 한다. 원단을 구매하면 그 자리에서 치수를 재고 바로 원단을 재단해 옷을 만드는 방식이다. 단순한 디자인의 치마는 30분 이내에 만들어지기도 하고 가격 또한 협상이 필요하긴 하지만 비싸지 않은 편이다.

최근 르완다 정부는 전통시장의 현대화를 추진하면서 순차적으로 몰_mall_을 건축하여 기존 상인들을 이전시키고 있다. 한국에서 노량진 수산시장이 건물 안으로 이동한 사례를 떠올리면 비슷하지 않을까 싶다. 편의성과 위생, 심미적인 부분을 고려한 조치라고는 하지만 상인들과 고객 모두 비용, 접근성 부분에서 기존의 전통시장을 선호하는 터라 지난한 중간 단계를 거치는 중이다.

키갈리에는 전통시장 외에도 슈퍼마켓, 마트, 각종 상점이 있어 대부분의 생필품을 이곳에서 구매할 수 있다. 하지만 이런 대형 상점은 거점 지역에 주로 위치하고 있기 때문에 일반

● 키미롱코시장의 원단 판매구역

시민들은 동네 곳곳에 위치한 '부티크boutique'를 이용한다. 부티크라고 하면 고급 양장점을 떠올릴 테지만 르완다에서는 작은 구멍가게를 지칭하는 말이다. 아마 상점이라는 의미에서 확장된 듯하다.

보통 부티크에서는 세제, 휴지 등 생필품부터 토마토, 양파 등 간단한 식자재를 소량으로 판매한다. 품목도 많지 않고 구비한 양도 많지 않다. 때때로 상점 내에 작은 테이블을 두고 간단한 먹거리를 판매하기도 한다. 보통은 따뜻한 차와 삶은 달걀, 삼부사(아프리카식 튀김만두) 등 스낵류 정도이며 간단한 요깃거리로 이용하는 사람이 많다.

거리를 걷다 보면 간판도 없이 문이 열려있는 어둑한 가게가 있는데 그것이 바로 부티크이다. 슈퍼마켓이나 마트에서 파는 물건들이 대용량이라면 부티크의 물건들은 '초저용량'이다. 패스트푸드점에서 나오는 케첩처럼 작은 용량으로 포장된 토마토 페이스트나 1~2회분 정도로 보이는(얼핏 보면 불량식품처럼 보이기도 하는) 세제도 있다.

안정적인 수입이 없는 저소득층은 그때그때 필요한 물품이나 식자재를 구매하는 것이 더 효율적이기 때문에 부티크에서는 이들에게 맞춤한 상품을 구비해놓는다. 부티크를 둘러보는 것만으로도 르완다의 또 다른 생활상을 엿볼 수 있다.

르완다의 특산품

르완다 지형은 고지대인 데다 크고 작은 산지가 이어진 형태로 강원도 지형과 비슷하다. 강원도에서 나는 대표 작물인 감자나 옥수수가 르완다에서도 대표적인 농작물 중 하나이다. 산지에서 좁은 땅을 개간하여 재배할 수 있는 작물이기도 하고 물이 특별히 많이 필요하지 않으면서 높은 지대에서 서늘한 기온과 쨍한 햇빛으로 키워낼 수 있기 때문이다.

최고의 식자재, 감자

르완다에 한 달 이상 지냈던 사람들에게 가장 맛있는 음식

● 휴게소에서 판매하는 꼬치구이와 통감자　　　　　(출처-muzungubloguganda)

을 꼽으라면 절반 이상이 '감자'라고 답할 것이다. 요리된 음식이 아닌 식자재 감자를 꼽는 것이 이상하다고 생각하겠지만 르완다의 감자는 그만큼 특별하다.

감자가 맛있어 봐야 얼마나 맛있겠는가 싶겠지만 르완다의 감자는 우리가 흔히 먹는 감자와 질감과 맛이 다르다. 퍽퍽하지 않고 포실하며 질지 않고 쫀쫀하다. 아무런 양념 없이 그대로 삶거나 튀겨도 감자에서 자연스러운 단맛이 나와서 계속 손이 간다.

이런 감자로 음식을 만들면 맛이 없을 수가 없다. 르완다에서 감자는 많은 요리에 활용된다. 맛있는 감자는 그대로 찌거나 튀기기만 해도 훌륭한 간식이자 간단한 식사가 된다. 알차게 여문 감자 한 알만 먹어도 든든하지 아니한가. 한국의 휴게소에 버터구이 알감자가 있다면 르완다의 휴게소에는 양념감자구이가 있다. 짭짤한 소스를 발라 숯불 위에서 긴 시간 은근히 익힌 것이라 쫄깃한 식감이 별미이다. 종종 꼬치구이를 판매하는 식당에서 감자를 꼬치구이에 곁들어 내기도 한다.

가정에서 흔히 요리하는 방식은 토마토와 양파 등의 채소와 함께 볶는 것이다. 감자는 잘 익도록 2~4등분으로 자른 후 소금으로 간을 해서 삶는다. 토마토, 양파, 마늘 등 재료를 먹기 좋은 크기로 썰어서 기름을 두른 팬에 볶다가 삶은 감자를 넣어 함께 잘 볶아주면 완성된다. 흔한 재료, 흔한 조리법이지만 질리지 않고 계속 먹을 수 있다.

감자는 르완다 전역에서 쉽게 구할 수 있는데, 특히 르완다 농업 중심지인 무산제Musanze 지역에 가면 매우 저렴한 가격으로 질 좋은 감자를 구매할 수 있다. 무산제는 화산지형이 펼쳐진 관광지이기도 해서 여행을 갔다가 감자 같은 지역 농산물을 사 오는 사람들이 많다. 저렴한 가격에 맛도 뛰어나다니. 르완다에 사는 사람들에게 감자는 그야말로 선물 같은 작물이다.

아프리카에서 접할 수 있는 대부분의 열대과일은 동남아시아 지역에서도 재배된다. 파인애플이나 망고 등은 동남아시아에서 비교적 저렴하게 수입되기 때문에 마트에서 종종 접할수 있고 어렵지 않게 구할 수 있다. 불과 10년 전만 해도 열대과일은 수입산이 전부였는데 최근에는 온난화로 인해 많은 열대과일이 한국에서 재배되기도 한다. 이런 이유로 아프리카에서 접하는 과일들이 싸고 맛있을지언정 신기하지는 않았는데 정말 난생처음 보는 과일을 르완다에서 만났다. '트리토마토*tretomato*'라는 별칭으로 불리는 '타마릴로'가 그 주인공이다.

● 트리토마토 열매와 그 단면

트리토마토라는 별칭은 잘 익은 토마토 같은 껍질 색 때문에 붙여졌다. 계란형의 열매는 익을수록 진한 빨간색을 띤다. 껍질의 질감 역시 영락없는 토마토의 매끄러운 껍질을 떠올리게 한다. 과일보다는 채소에 가까운 풋내도 닮았다. 하지만 이 과일을 반으로 잘라보면 전혀 다른 속살을 볼 수 있다.

과육은 잘 익은 감을 연상시키는 진한 주황색이고 좌우 대칭으로 검붉은 색의 씨앗이 띠를 이루며 들어있다. 그 모습으로는 맛이 잘 상상되지 않는다. 호텔이나 레스토랑의 멜랑제(뷔페)에 트리토마토가 통째로 올라오는 경우가 종종 있는데 먹는 법은 간단하다. 숟가락으로 절단된 단면 부분을 떠내듯이 도려내서 먹으면 된다.

트리토마토를 처음 먹는 사람은 상상할 수 없을 정도의 새콤한 맛과 씨앗 부분의 진한 붉은 색에 놀란다. 잘 익은 트리토마토는 약간의 단맛을 내기도 하지만 새콤한 맛이 주를 이룬다. 음식을 먹은 뒤 입가심하기 좋고 입안을 상쾌하게 만들어준다. 씨 부분의 붉은 색은 다른 과일의 색과 확연히 구분될 정도로 강렬하고 진하기 때문에 주스나 아이스크림, 잼 등에 널리 활용되기도 한다.

처음에는 독특한 맛의 과일이라고 생각했고 새콤한 과일을 즐겨 먹는 편이라 잘 먹었는데 과일의 성분을 조사하다가 이 과일에 어마어마한 비타민이 들어있음을 알게 되었다. 특히 비타민 A와 비타민 C는 비견할 과일이 없을 정도였다. 이 정보를 접한 이후 피로회복제처럼 트리토마토를 먹게 되었다.

최근에는 케냐를 비롯한 동부 아프리카 지역에 트리토마토 재배 지역이 점차 넓어지고 있다고 하는데, 아직 다른 나라에서는 흔하게 찾아보긴 어려운 것 같다. 트리토마토를 재배하는 생산자들이 많아지면 언젠가는 한국에서도 먹을 수 있을까?

메이드 인 르완다

르완다는 지하자원이나 천연자원이 풍부한 나라가 아니다. 르완다의 특산품이라고 하면 수출 1~2위를 차지하는 커피와 차, 르완다의 전통을 담고 있는 바구니나 항아리 같은 공예품이 먼저 떠오른다. 과연 이런 것들만 특산품이라고 할 수 있을까?

르완다의 특산물로 떠오르는 혁신 제품들

이번에는 르완다의 새로운 측면을 소개하고자 한다. 르완다는 비즈니스 친화적인 정책과 친환경 중심 국가 발전 계획, ICT(정보통신기술) 기반 산업 지원 등에서 혁신에 앞장서고 있다. 이런 측면을 확인할 수 있는 사례로 최근 아프리카 최초의 전기차와 아프리카 최초의 스마트폰이 르완다에서 출시되었다. 대표성이나 특이성을 생각했을 때 충분히 르완다의 특산물로 꼽을 수 있는 제품이라고 생각한다.

매년 연말이면 수도 키갈리의 기콘도 *Gikondo* 지역에서 '메이드 인 르완다 *Made in Rwanda* 박람회'가 열린다. 이 박람회에서는 행사 이름 그대로 르완다에서 생산되는 제품들이 소개되는데 공예품부터 식품, 신기술을 접목한 혁신 제품이나 전자 기기까지 다양한 범주의 상품들을 두루 접할 수 있다. 2019년 메이드 인 르완다 박람회에서는 다른 때보다 기술 기반 상품들이 두드러졌다.

아프리카 최초의 전기차

첫 번째는 전기차와 전기 오토바이이다. 독일의 자동차 기업인 폭스바겐은 지난 2018년 르완다에 자동차 조립공장을 세우고 본격적인 투자를 시작했다. 차량 조립 외에 폭스바겐 차량을 활용한 차량공유서비스 무브를 운영하는 데 이어 아프리카 최초의 전기차를 르완다에서 개발했다.

● 2019 메이드 인 르완다 박람회에 선보인 폭스바겐의 전기차   (출처-New Times)

이 박람회에서는 전기차 외에도 전기 오토바이가 함께 소개되었는데 2020년 키갈리 내에 10~20 군데의 전기 충전소를 두어 전기차 및 전기 오토바이의 운행이 가능해질 것이라 발표하기도 했다. 2021년 현재 키갈리 시내 및 몇 군데에서 충전소를 운영하고 있지만 계획한 만큼 충전소 설치를 마치진 못한 것으로 보인다.

전기차와 전기 오토바이의 개발 및 운영은 해외 원천 기술일지언정 르완다의 기술력을 향상시키는 결과를 가져옴과 동시에 친환경을 최우선으로 두고 있는 정부의 행보와도 방향을 같이하고 있다. 또한 장기적으로는 고가의 화석연료에 대한 수입을 줄일 수 있다는 기대를 불러일으키고 있다.

아프리카 지역에서 최초로 만든 스마트폰

기술 기반 상품 두 번째는 스마트폰이다. 지금껏 스마트폰을 생산하는 아프리카 나라들이 있었지만 이들은 부품을 수입해서 조립하는 정도에 그쳤다. 이번에 르완다에서 출시된 스마트폰 '마라*Mara*'는 마더보드부터 서브보드 등의 부품을 르완다에서 모두 제조한 최초의 '메이드 인 아프리카*Made in Africa*' 스마트폰이다. 제조사인 마라 그룹은 아랍에미리트의 두바이에 기반을 두고 있다.

● 메이드 인 르완다 박람회의 마라 스마트폰 소개 부스　　　　(출처-New Times)

모델은 마라엑스*Mara X*와 마라제트*Mara Z* 두 가지이며 두 모델 모두 100달러대로 가격이 책정되었다. 마라제트가 130달러 정도로 190달러의 마라엑스보다 조금 더 저렴하다. 르완다에서 가장 저렴한 스마트폰은 30~50달러에도 구매할 수 있기 때문에 저가 모델 구매자들에게는 가격적 효용이 높다고 볼 수 없다. 하지만 애국 마케팅(?)을 집중적으로 펼치고 있어 시장의 반응을 끌어낼 수 있을지 주목하고 있다. 애국 마케팅이 허상은 아닌 것이 '아프리카 최초의 스마트폰'이라는 타이틀로 전 세계 언론의 주목을 받았으며 르완다 내 수백 개의 일자리를 창출했기 때문이다.

일자리 창출과 기술 습득을 위한 장기투자

전기차와 스마트폰의 사례에서 한 가지 아쉬움이 있다면 르완다 회사가 아닌 외국계 회사를 통한 제품 개발이라는 점이다. 르완다 정부는 투자 규모에 따라 대폭적인 세금 혜택을 주고 법과 제도를 외국인의 투자나 법인 설립에 용이하게 해 적극적으로 외국자본과 외국기업을 유치하고 있다. 폭스바겐의 전기차와 마라 그룹의 스마트폰이 그 결과라고 할 수 있다. 기업의 활동을 통한 조세 이익은 당장 없을지라도 고품질의 제품이 생산되면 르완다 내의 산업구조를 바꿀 수 있고 수출품 및 수출액을 늘릴 수 있다. 일자리 창출과 이를 통한 자국민의 기술 습득도 얻을 수 있다. 르완다 입장에서는 장기적인 투자가 되는 셈이다.

이제 막 새로운 특산물을 내기 시작한 르완다에서 언젠가는 르완다 사람들의 자체 아이디어와 기술을 통해 만들어진 상품이 나올 것이라 믿어 의심치 않는다.

함께 생각하고 토론하기

르완다 제노사이드는 역사상 가장 끔찍한 인종학살 중 하나입니다. 이런 학살이 일어난 가장 큰 원인은 벨기에의 식민 통치 기간 중 민족을 구분하여 차별했기 때문입니다. 식민 시기에 쌓여온 피해의식이 집단적인 혐오로 발전했고 독립 이후 미디어에서 혐오 감정을 부추기면서 100일간 80~100만 명이 살해된 제노사이드가 발생했습니다.

● 특정 집단에 대해 차별적인 인식을 갖게 하는 방송 또는 기사를 본 적이 있는지 생각해보고 그 경험을 나누어봅시다.

●● 우리 주변의 차별과 혐오에 대해 이야기해봅시다. 대표적인 사례를 정하고 어떻게 해결할 수 있을지 토론해봅시다.

3부
역사로 보는
르완다

우리는 날마다 용서를 배웁니다.
그러나 절대 잊지 않을 겁니다.

- 폴 카가메-

르완다 민족 구성의 역사

현재의 국경을 기준으로 했을 때 르완다 땅에 가장 먼저 살기 시작한 것은 트와*Twa*족이다. 정확한 이주 경로는 밝혀지지 않았으나 약 1만 년 전부터 르완다에 거주했던 것으로 본다. 트와족은 '피그미'로 총칭하는 키가 작은 인종에 속하는 민족으로, 수렵 및 채집 활동을 기반으로 생활한다. 트와족은 르완다의 터줏대감이지만 그 수가 많지는 않다. 현재 르완다 전체 인구 중 약 1퍼센트 정도를 차지하는 것으로 추정한다.

약 1,000년 전에 반투족이 이 지역으로 이주했는데 르완다를 구성하는 주류 민족인 후투*Hutu*가 여기에 속한다. 마지막으로 합류한 민족이 함족 계열인 투치*Tutsi*이다. 후투와 투치의 구분에 대해서는 여러 가지 설이 있다. 일반적으로 이들의 외양

● 르완다에 사는 세 민족 투치, 후투, 트와

과 생활 기반으로 구분하는데 투치는 유목 민족으로 키가 크고
호리호리하며, 후투는 농경 민족으로 다부진 체격을 가지고 있
다. 투치는 르완다 인구의 약 14퍼센트를, 후투는 약 85퍼센트
를 차지하는 것으로 추정한다.

　외양에 따른 구분이 잘못된 것이라 지적하는 쪽에서 내세우
는 근거는 투치와 후투라는 단어가 특정 민족을 지칭하는 것이
아니라 직업이나 지위를 나타내는 단어였다는 것이다. 구전되
는 르완다의 초기 역사와 문화에서 투치는 지배계급, 고귀함,

유산계급을 의미하고, 후투는 농민, 트와는 사냥 또는 제작 등 기술을 가진 사람을 일컫는 말이었다고 한다.

투치, 후투, 트와의 계층 구분은 르완다의 설화에서도 찾아 볼 수 있다.

하늘나라에 살던 신 키과Kigwa에게는 아들 셋이 있었는데, 그 이름이 가트와Gtwa, 가후투Gahutu, 가투치Gatutsi였다. 키과 신은 세 아들에게 우유 한 단지씩 주고 하룻밤 동안 지키도록 시 켰다. 가트와는 그 우유를 마셔버렸고, 가후투는 잠이 들어 우유를 엎질렀으며, 오직 가투치만이 우유를 안전하게 지켰 다. 이로 인해 키과 신은 가투치를 그의 후계자로 정하고, 가 후투를 그의 시종으로 삼았으며, 가트와를 나라 밖으로 내쫓 아버렸다. 가투치는 왕국과 힘을 가지게 되었고, 가후투는 가 투치의 가축을 돌보는 일을 하게 되었으며, 가트와는 비난받 게 되었다.

르완다의 설화에도 다른 나라 또는 민족 설화와 마찬가지로 권력과 지위에 대한 정당성을 획득하기 위한 이야기가 유사하 게 담겨있음을 확인할 수 있다.

15세기경 르완다에 이주해온 투치 민족은 통치권을 가지고 권력을 세습했으며 느슨한 봉건제 방식으로 나라를 통치했다. 식민 시대 이전 르완다는 이웃나라인 부룬디 땅까지 아우르는 지역에 한 문화권을 이루고 있었으며 여러 민족이 함께 살아 가고 있었다. 각 민족 간 구분이 없었던 것은 아니지만 언어와 문화, 풍습을 공유하던 공동체였기 때문에 민족 간의 갈등이 거의 없었다. 사회 계층 간의 이동이 가능한 사회구조라서 후 투(농민)일지라도 부를 축적하면 투치의 지위에 오를 수 있었 다. 사회계층을 일컫는 의미가 더 강했던 민족의 이름이 외양 의 차이로 굳어진 것은 식민 시대의 영향이 크다.

식민 통치가 깨뜨린
평화와 공존

　기록에 따라 조금씩 다르지만 르완다를 방문한 최초의 유럽인은 독일인이었고 1890년대 초반이었다. 이미 1884년 베를린회의에서 유럽의 국가들은 아프리카 나라들을 나누어 누가 통치할지, 즉 소유할지를 결정했는데 당시 유럽에서는 르완다의 존재를 몰랐기 때문에 이 지역은 포함되지 않았다고 한다. 이후 1890년 브뤼셀회의에서 독일이 우간다를 포기하는 대신 르완다와 부룬디•를 받았다.

　독일령으로 식민 통치가 시작되기 전 르완다는 10~15세기에 걸쳐 형성된 크고 작은 왕국들이 통치하고 있었다. 중앙집

•　당시에는 루안다-우룬디로 불렸다.

권적인 군주제 안에서 투치와 후투 사이의 경제적 불균형이 생겼고, 투치가 지배계급으로 굳어지며 정치적인 불균형으로 이어졌다. 재산의 소유는 땅과 소를 얼마나 가지고 있느냐에 따라 가늠되었다. 왕은 가축을 담당하는 관리, 토지를 담당하는 관리, 군사를 담당하는 관리를 두었으며 이런 우두머리의 95퍼센트 이상이 투치 출신이었다.

소수의 투치가 오랜 시간 지배계급으로 군림했지만 후투와 평화롭게 공존했다. 이들은 긴 시간 함께 공동체를 이루며 언어와 문화를 공유했고 투치와 후투 사이의 계층 이동도 가능했다. 전염병과 같은 재해로 소를 잃은 투치는 후투로 간주하였고, 부를 축적해 소를 소유한 후투는 투치로 신분이 상승하기도 했다. 하지만 이런 계층 이동은 식민 통치 이후 불가능해졌다.

르완다와 부룬디는 1차 세계대전이 끝날 때까지 독일령 동아프리카에 속했다. 독일이 전쟁에 패한 이후 국제연맹●은 르완다와 부룬디를 벨기에에 넘기기로 결정했다. 독일은 30여 년의 통치 기간 동안 르완다에 큰 관심을 두지 않았다. 행정관리를 파견하기는 했지만 지역 조사 및 가능성을 파악하는 정도에 그쳤고, 왕정과 공동체의 리더십도 존중하는 편이었다.

1918년 르완다를 넘겨받은 벨기에는 르완다 통치에 좀 더

● 유엔의 전신

● 벨기에 장군(왼쪽)과 르완다 왕(오른쪽)

● 왕궁박물관에 복원해놓은 르완다 옛 왕궁 모습

직접적으로 관여했다. 당시 인종 간, 민족 간 우열이 있다고 강하게 믿었던 서구사회는 흑인 중에서도 키가 크고 피부가 덜 검은 함족 계열이 그나마 백인에 가깝다고 생각했다. 르완다 민족 중에서는 투치가 이에 해당한다고 보고 모든 위임통치의 권한과 권력을 투치에게 부여했다.

벨기에가 식민 통치를 하는 와중에도 르완다 왕국은 식민지 행정과 공존했다. 벨기에는 전통 방식으로 지어진 왕궁 옆에 서구식 건축양식으로 새로운 왕궁을 지어줬고, 그 건물은 르완다와 다른 국가 간의 상징적인 외교 공간으로 활용되었다. 옛 왕궁과 식민 지배 시절 왕궁은 냔자Nuanza에 있는 왕궁박물관에 보존되어있다.

벨기에는 1918년부터 르완다가 독립한 1962년까지 르완다를 통치했는데 '미개한 종족을 문명으로 이끈다'는 숭고한 백인의 책무를 앞세우면서도 착취의 야욕을 숨기지 않았다. 르완다는 풍요로운 땅이긴 했지만 별다른 자원이 없었기 때문에 벨기에는 르완다를 '콩고의 노동력'으로 사용했다. 많은 르완다인이 콩고의 탄광으로 끌려가 부역을 했는데 모든 부역과 높은 세금이 중간관리 또는 마을의 리더를 맡고 있는 투치의 이름으로 행해졌다.

벨기에는 효과적인 통치를 위해 르완다 사회를 의도적으로 분열시켰다. 벨기에는 식민 통치 기간 동안 노골적으로 '투치 우대 정책'을 펼쳐 투치를 우월한 민족으로 추켜세우며 온갖 혜택을 몰아주었다. 투치는 1959년에 일어난 후투족의 폭동 전까지는 농업에 필요한 관개지역의 대부분을 소유했으며 관료의 88퍼센트를 점하고 있었다. 벨기에는 신분 표시를 명확하게 하여 투치, 후투, 트와 간 이동이 불가능하게 했다. 뜻에 순종하는 집단을 길들이면서 동시에 식민지 백성의 원망과 분노를 벨기에가 아닌 투치에게 돌리는 방법을 택한 것이다.

2차 세계대전 이후 르완다에 독립의 기운이 무르익으면서 후투 해방운동이 성장했고, 기존에 투치가 가지고 있던 권력을 후투가 가져야 한다는 주장이 거세졌다. 벨기에에 항거한 독립투쟁을 벌이면서도 투치와 후투의 갈등은 극명하게 나타

났고 1959년 두 민족 간 분쟁이 가시화되기 시작했다. 이때부터 민족 간의 학살이 있었다고 하는데 초기의 분쟁은 잘 알려지지 않았다. 결국 투치는 후투에게 밀렸고 새롭게 권력을 장악한 후투는 투치 국왕을 폐위하고 1961년 1월 르완다 공화국을 선포했다. 이때 많은 투치가 강제추방되었다.

1962년 7월, 벨기에가 르완다의 독립을 승인하면서 르완다는 완전한 독립을 달성했다. 하지만 후투와 투치 간의 분쟁은 계속되어 1963년에는 강제추방된 부룬디의 투치가 르완다를 기습공격했다. 이에 대한 보복으로 후투가 르완다에 있는 투치 1만 명을 살해했고 10만 명의 난민이 발생했다. 이후 우간다 및 르완다 북부 지역에 분포했던 투치가 르완다애국전선 RPF, Rwandese Patriotic Front을 결성했고 1990년부터 분쟁이 본격화되었다.

독일과 벨기에의 식민 통치는 르완다 현대사의 가장 아픈 역사이자 중요한 사건인 제노사이드에 직접적인 원인과 기반을 제공했다. 식민 지배 이전에도 민족 구분과 계급의 격차는 존재했지만 그것이 사회 분열로 이어질 만한 것은 아니었다. 르완다가 서구사회의 '탐험'에 의해 '발견'되기 이전부터 세 민족은 공동체를 이루며 살고 있었고 나름의 문화와 사회체계를 갖추고 있었다.

'선진 문물'과 '개발', '계몽'이라는 허울 아래 르완다를 휩쓸어버린 서구의 방식이 르완다의 문화를 잠식하고 전통과의 연결고리를 끊었으며 산업의 기반을 무너뜨렸다. 우리가 식민 지배 역사에서 배워야 할 것이 있다면 르완다를 비롯한 아프리카의 '잃어버린 역사'의 무거움부터 받아들여야 할 것이다.

제노사이드의 비극

르완다의 역사를 이야기할 때 '제노사이드'는 빼놓을 수 없는 부분이다. 제노사이드는 '집단학살', '집단살해'를 뜻하는 말로, 고의로 특정 집단의 전체나 일부를 학살하는 것을 일컫는다. 르완다의 제노사이드는 1994년 4월 6일 발발하여 이후 100일 동안 80만~100만 명이 살해당했다. 이는 당시 르완다 인구의 20퍼센트에 해당하는 숫자로 규모나 잔혹성에서 나치의 유대인 대학살 이후 최악의 인종학살로 꼽힌다.

르완다 내 민족 간의 갈등은 식민 시대 동안 점화되었다. 독일이나 벨기에는 모두 식민 통치 기간 동안 르완다의 군주제도와 지배계층인 투치의 지배를 그대로 유지했다. 하지만 효과적인 식민 통치를 위해 투치와 후투를 차별하는 정책을 실시하여 투치를 우대하고 교육시켜 식민 통치의 말단 관료 집단으로 삼았다.

이를 위해 과거에는 비교적 자유로웠던 민족 간의 이동을 통제하고 구분할 필요가 있었는데 신분증에 민족을 표시하고 한 번 지정된 민족은 바꿀 수 없게 했다. 신분증을 발급할 때 투치와 후투의 구분이 명확하지 않은 경우에는 코의 길이를 재서 판단했다. 벨기에인을 비롯한 서구의 시각에서 투치와 후투의 구분이 외모에 따른 것이었음을 보여주는 단적인 사례인데 코의 길이와 민족의 구분에 대한 연결성은 그 이전에도 그 후에도 전혀 근거를 찾을 수 없었다.

● 제노사이드 기념관에 전시된 사진. 코 길이로 민족을 구분했다.

르완다 국내에서 인종 간의 갈등이 반복되고 긴장감이 높아지던 중 제노사이드로의 점화가 시작된 사건이 발생했다. 1994년 4월 6일 당시 후투 출신 르완다 대통령인 쥐베날 하브자리마나*Juvénal Habyarimana*와 부룬디 대통령 시프리앵 은타랴미라*Cyprien Ntaryamira*가 평화 협상을 위해 함께 비행기로 이동하던 중 미사일에 격추되어 살해당한 것이다. 후투 극단주의자들은 라디오와 신문 등 미디어를 통해 공포 분위기를 조성하면서 투치가 모든 문제의 원흉이며 문제라고 선전하면서 사람들을 선동했다. 광기에 사로잡힌 후투 사람들이 이 분위기에 휩쓸려 투치 학살에 동참했다.

4월 6일에 시작된 무차별적인 학살과 폭력은 100여 일 동안 이어졌다. 가해자도 피해자도 대부분이 민간인이었다. 성인 남성뿐 아니라 여성과 아이들도 살해당했으며 생존한 투치 여성은 강간을 당하는 수모를 겪었다. 이 기간에 투치뿐 아니라 이들에게 호의적이었던 후투 온건파들도 살해당했다.

르완다의 제노사이드를 다룬 대표적인 영화로 〈호텔 르완다〉와 〈썸타임즈 인 에이프릴*Sometimes in April*〉 등이 있는데 관심이 있다면 찾아서 감상해보자.

르완다에 방문하는 사람들에게 빼놓지 않고 권하는 방문지가 있다. 그중 하나가 '제노사이드 기념관'이다. 이곳에서는 제노사이드가 발발하게 된 경위를 비롯해 피해자의 유골과 유품, 생존자들의 이야기까지 둘러볼 수 있다. 기념관을 방문해보면

● 제노사이드 기념관 입구(위)와 기념관 내 희생자 사진 전시관(아래)

영화에 묘사된 장면이 실제 역사의 아주 일부분에 그친다는 것을 알 수 있다. 기념관의 규모는 크지 않지만 전시된 사진이나 전시품의 참혹함과 처절함 때문에 빠르게 관람하기가 어렵다. 중간중간 숨을 고르며 천천히 둘러보고 난 뒤에도 진이 빠져 몇 시간은 쉬면서 정신적인 피로감을 달래야 한다.

그런데도 이곳을 꼭 방문해야 하는 이유는 제노사이드가 일어나게 된 과거의 역사부터 제노사이드 진행 과정을 보면서 제국주의와 서구사회가 어떻게 아프리카에 영향을 미쳤는지를 알 수 있기 때문이다. 제국주의는 아프리카 대륙 전체를 할퀴고 지나갔고 그중 상처가 곪아 터진 사례 중 하나가 르완다의 제노사이드이다. 이를 조금 더 자세히 들여다보면 당시 르완다의 주변국이 어떻게 손을 잡고 반목했는지, 집권 세력의 이동이 현대사회에 어떻게 이어졌는지를 알 수 있다.

민족 간 주도권 변화로 보는 르완다의 역사

르완다의 독립 전후 이어진 민족 갈등의 역사는 복잡하고 세력 간에 서로 엎치락뒤치락 반복하는 양상을 보이기도 한다. 독자의 이해를 돕기 위해 민족 간의 주도권 변화를 중심으로 르완다의 역사를 정리해보았다.

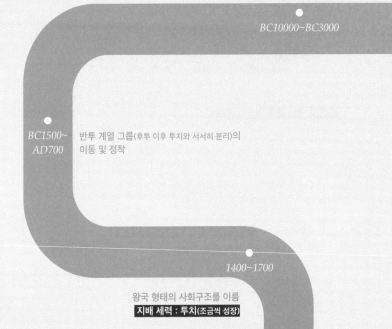

수렵채집 민족(트와)의 정착

BC10000~BC3000

BC1500~
AD700

반투 계열 그룹(후투 이후 투치와 서서히 분리)의
이동 및 정착

1400~1700

왕국 형태의 사회구조를 이룸
지배 세력 : 투치(조금씩 성장)

여러 왕국 중 가장 강력한 왕국이
주변을 통합하기 시작, 행정개혁을 통한
중앙집권체제를 갖춤
지배 세력 : 투치

1800년대

베를린회의에서 독일령으로
구분, 식민 지배 시작
지배 세력 : 투치

1884

르완다 통치권이 벨기에로 넘어감
(당시 국경은 부룬디까지 이어지는 '루안다-우룬디'였음)
지배 세력 : 투치

1916

부룬디와 합병, 벨기에의
신탁통치령인 루안-우룬디 신탁통치령
지배 세력 : 투치

1946

1959

르완다 혁명을 통한 독립 요구, 부룬디와 분리되어
신탁통치하의 르완다 왕국 성립
지배 세력 : 후투-투치 간 갈등 가시화

1961년 국민투표를 통해 군주제 폐지 결정,
1962년 7월 1일 르완다 공화국으로 독립,
그레고르 카이반다 초대 대통령 취임
지배 세력 : 후투(후투-투치 간 갈등 심화)

1961~1962

쥐베날 하브자리마나가
쿠데타로 2대 대통령에 오름
**지배 세력 : 후투(탄압으로 르완다를 떠난 투치들이
이웃나라에서 난민 및 반군으로 세력을 키움)**

1973

152

1990
50만여 명으로 구성된 반란군 르완다애국전선이
북부 르완다 침공, 내전의 시작
지배 세력 : 후투

1993
아루샤협정 체결
(르완다 정부와 르완다애국전선 간
평화협정, 종전에 대한 협약 후 휴전)
지배 세력 : 후투

1994년 4월 6일 쥐베날 하브자리마나 대통령이 타고 있던
비행기가 격추되면서 제노사이드 발발, 약 100일 동안
투치 및 온건파 후투 그리고 이에 휘말린 트와 등
100만여 명에 가까운 사람이 희생

1994.04~06

1994.07
르완다애국전선의 점령 및 승리,
파스퇴르 비지문구 대통령 취임

폴 카가메 대통령 취임, 2003년 국민직선제로
바뀐 이후 2003년과 2010년에 선거를 치러
대통령에 다시 당선되었으며 2015년 헌법개정을
통해 2034년까지 대통령직에 도전, 유지할 수 있는
기반을 마련함

2000

전환의 시대, 개발과 발전

1994년 일어난 제노사이드로 인해 한동안 국제사회에 르완다 이름이 오르내렸다. 아직 르완다라고 하면 '내전이 있는 나라'라고 말하는 이유가 바로 이때 국제 뉴스에서 그 참상을 한동안 보도했던 탓이다.

제노사이드 결과 전체 인구의 5분의 1 정도가 사망했고, 거주지를 비롯한 사유재산과 공공시설물이 파괴되었으며, 많은 고아와 난민이 발생했다. 당시 르완다의 사회구조나 경제적 상황을 생각해봤을 때 치명적인 사건이었고 혹독한 결과였지만 르완다는 생각보다 훨씬 빠르게 사회를 복구해나갔다.

제노사이드 이전의 르완다와 제노사이드 이후의 르완다는 확연히 다르다. 한국이 한국전쟁을 딛고 '한강의 기적'을 이룩

해냈듯이 르완다도 제노사이드 이후 전후 복구과정에서 새로운 도전과 과감한 정책을 통해 많은 변화를 만들어왔다. 다양한 측면에서 개발 과정을 살펴볼 수 있는데 정치·경제·사회 부문에서 한 가지씩 꼽아보도록 하겠다.

정치 분야에서 가장 큰 가시적 변화는 여성 정치인들, 여성 국회의원의 비율이 높아졌다는 것이다. 르완다는 세계 최초로 여성이 의회의 과반 이상을 점유한 나라이다. 2020년 의석 기준으로 하원의원의 61.2퍼센트, 상원의원의 38.5퍼센트가 여성이다. 또한 대법관 7명 중 4명이 여성으로, 이 역시 절반 이상을 여성이 차지하고 있다. 2016년 세계경제포럼이 발표한 자료를 기준으로 했을 때 르완다는 '여성의 사회적 지위'가 보장되는 국가이며, 사하라 이남 아프리카 나라 중에서 1위, 전 세계에서 5위를 기록하고 있다.

여성의 사회활동 증가

르완다는 전통적으로 여성의 사회생활을 권장하지는 않았다. 다른 아프리카 나라처럼 사회적 지위는 주로 남성들이 점유했고 여성들은 집안일을 돌보거나 육아를 하는 정도로 역할이 한정되어있었다. 하지만 제노사이드로 인해 성인 남성 상당수가 살해되거나 실종되었고 사회에 필요한 인력에 큰 공백

● 2019년 르완다 국회의 여성의원들. 49명으로 전체 의석의 61퍼센트를 차지하고 있으며, 이는 세계에서 가장 높은 여성의원 점유율이기도 하다. (출처-National Geographic)

이 발생했다. 이때부터 르완다 정부는 여성의 사회 진출을 적극 지원했고 정치인을 비롯한 공무원, 경찰, 군인에 여성들을 대거 임용했다. 여전히 사회 기저에는 전통적인 성 역할이 남아있지만 여성이 교육을 받고 고위직에 진출하는 것이 르완다에서는 놀랍거나 새로운 일이 아니다.

급성장한 경제

경제 분야의 변화를 살펴볼 수 있는 가장 명확한 지표 중 하나는 빈곤율이다. 제노사이드 직후 1994년 르완다의 빈곤율●은 77.8퍼센트이었으나 2000년에는 58.9퍼센트, 2010년에는 44.9퍼센트로 빠르게 떨어지고 있다. 정부는 경제 활성화를 위해 사회기반시설을 확충하는 한편, 민간 부문 경제를 활성화하기 위해 비즈니스 설립을 지원하고 촉진하는 다양한 정책을 정비해왔다. 그 결과 2018년까지 10년간 평균 경제성장률이 8퍼센트에 이를 정도로 르완다는 고속 성장을 거듭하고 있다.

가장 안전하고 깨끗한 나라

사회 분야에서 두드러지는 것은 공권력의 강화이다. 르완다는 강한 정부를 기반으로 보안과 안전을 확보하기 위해 많은 노력을 기울이고 있으며 동시에 강한 정부가 가질 수 있는 가장 큰 취약점인 부정부패를 방지하기 위해 강력한 처벌을 통해 통제하고 있다. 르완다는 사하라 이남 아프리카에서 가장 안전

● 빈곤선(1994년 기준 1일 1.01달러 미만)으로 살아가는 사람들. 빈곤선의 기준은 세계은행에서 정하고 있으며, 2015년에는 빈곤선의 기준이 1일 1.9달러로 상향조정되었다.

한 나라로 꼽히며, 부정부패가 없는 나라 중 하나이기도 하다.

앞서 나열한 정치 · 경제 · 사회에 대한 르완다의 도전과 변화를 한 단어로 요약하자면 '굿 거버넌스*Good Governance*'라고 할 수 있다. 좋은 사회구조, 이를 잘 돌아가게 하는 힘을 갖추는 것이 내실을 키울 뿐 아니라 국제사회에서도 인정받을 수 있는 길이라고 판단한 것이다.

실제 르완다의 성장과 발전은 대체로 좋은 인상을 주고 있다. 하지만 모든 사회에는 이면이 있는 법이다. 르완다는 중앙집권적인 리더십과 강력한 규제를 통해 개발계획을 세우고 실현하고 있는데 이 과정에서 다양한 의견이 수렴되는 과정을 찾기가 어렵다. 실제 소수의 언론과 미디어가 관영 채널에 그치고 있어 언론의 자유가 매우 낮다. 또한 정부의 규제가 강하다 보니 이 과정에서 인권탄압에 대한 우려도 계속 제기되고 있다.

주목해야 할 르완다의 인물

강력한 리더십의 폴 카가메

2020년 르완다의 대통령인 폴 카가메는 제노사이드 종식에 큰 역할을 한 군인이자 대통령 취임 이후 강력한 개발 정책을 추진한 정치인이다. 제노사이드 당시에 르완다애국전선의 사령관으로서 승리를 이끌었고 제노사이드 종식 이후 부통령 겸 국방장관이 되면서 정치를 시작했다.

폴 카가메는 1957년 르완다 남부에서 태어났다. 그가 두 살 되던 해 르완다 혁명이 일어나면서 투치에 대한 탄압이 확산되었고 그의 가족 모두 우간다로 이주했다. 청년 시절부터 군인으로 활동했으며 1980년대에는 우간다의 현 대통령인 요웨리

● 폴 카가메

무세베니*Yoweri Kaguta Museveni* 의 반군 군대에서 싸웠다. 요웨리 무세베니가 승리하여 대통령이 된 이후 우간다군에서 고위 장교로 있기도 했다.

이후 르완다애국전선에 합류했으며 1990년 르완다애국전선의 르완다 침공에 가담했다. 초기 르완다애국전선의 지도자였던 프레드 르위게마 *Fred Rwigyema*가 전쟁 초반에 사망한 이후 폴 카가메가 지도자의 자리에 오르게 되었다.

1990년부터 1993년까지 르완다 정부와 내전 끝에 휴전했으나 1994년 제노사이드가 발발하여 다시 내전이 재개되었고 폴 카가메가 있는 르완다애국전선이 군사적 승리를 통해 제노사이드에 종지부를 찍었다. 폴 카가메는 제노사이드 직후 출범한 정부에서 부통령을 지내면서 군사를 장악하고 국가안보를 비롯해 법과 질서를 정비하기 시작했다. 2000년 전 대통령인 파스퇴르 비지문구*Pasteur Bizimungu*가 사임하면서 폴 카가메가 임시로 대통령직에 올랐다.

르완다 공화국 출범 이후 초기 르완다 정부는 내각 선거를 통해 대통령을 선출했다. 하지만 2003년 헌법을 개정하여 국민의 직접 투표를 통해 대통령을 선출하는 방식으로 전환했다. 폴 카가메는 헌법개정에 따라 치러진 2003년 대통령 선거에서 95퍼센트의 득표율로 당선되었으며 2010년 재선에 성공했다.

2003년의 르완다 헌법은 대통령 7년 임기를 두 번까지 할 수 있도록 정하고 있었는데 2015년 이 헌법을 개정하여 그의 세 번째 7년 임기와 두 번의 5년 임기를 추가할 수 있게 했다. 폴 카가메는 2017년에 3선에 성공했고 바뀐 헌법을 기준으로 하면 최대 2034년까지 집권할 수 있다.

폴 카가메는 대통령 재임 중 제노사이드 전후 복구, 경제성장, 정치 및 사회구조 정비 등 많은 업적과 성과를 냈기 때문에 그에 대한 국제사회의 인식은 대체로 긍정적인 편이다. 하지만 헌법개정과 장기집권으로 인해 비판을 받고 있으며 민주적인 절차에 따른 권력이양에 대한 요구가 늘어나고 있다. 실제로 선거를 치르는 동안 그의 정적들과 언론인에 대한 폭력과 사망사건이 있었고 정치적으로 그와 견해를 달리하는 정치인과 주요 인사들이 대부분 실형 선고되어 감옥에 가거나 해외로 도피했다.

영화 〈호텔 르완다〉의 실제 주인공 폴 루세사바기나

르완다의 제노사이드를 다룬 영화 〈호텔 르완다〉는 2004년

● 폴 루세사바기나

에 개봉하여 오스카상 후보에 오를 만큼 큰 반향을 일으켰다. 이 영화는 학살이 진행되는 기간 동안 호텔에서 1,000명이 넘는 사람을 숨기고 보호한 실화를 바탕으로 하고 있는데 그 실화의 주인공이 바로 폴 루세사바기나 *Paul Rusesabagina*이다. 영화에서는 돈 치들 *Don Cheadle*이 그의 역할을 맡아 연기했다. 폴 루세사바기나는 제노사이드 당시 벨기에 소유의 밀콜린스 호텔의 지배인으로 일하고 있었는데 1,268명의 후투와 투치 난민을 호텔에 수용하고 이들을 학살에서 보호했다.

폴 루세사바기나는 어릴 때부터 영어와 프랑스어에 두각을 드러냈다고 한다. 청소년기에는 목사가 되고 싶어 신학교에 진학해서 공부했다. 결혼 이후 키갈리로 이주하여 밀콜린스 호텔에서 일하기 시작했고 나중에 호텔 경영을 공부하기 위해 스위스와 벨기에에 유학을 가기도 했다. 1992년에 밀콜린스 호텔의 계열사인 디플로맷 호텔의 총책임자로 승진했다.

폴 루세사바기나 본인은 후투였지만 아내가 투치였기 때문에 학살이 시작되자 아내와 아이들 모두를 안전한 곳으로 숨겨야 했다. 그는 밀콜린스 호텔의 관리자가 제노사이드를 피해 떠나자 자신이 총지배인 대행을 할 수 있도록 권한을 위임받고 가족을 비롯한 후투, 투치 난민들을 호텔로 데려와 보호하기 시작했다. 그의 가족과 호텔에서 보호하고 있던 난민들은 르완다애국전선의 도움으로 탄자니아로 탈출할 수 있었고 제노사이드 종식 이후 폴 루세사바기나는 르완다로 돌아왔지만 살해 위협 때문에 벨기에로 망명했다가 미국으로 이주했다.

2005년 조지 W. 부시George Walker Bush 미국 대통령은 미국 정부가 민간인에게 수여하는 최고 훈장인 '자유의 메달Presidential Medal of Freedom'을 그에게 수여했다.

이후 폴 루세사바기나는 제노사이드 기간에 르완다애국전선이 자행한 살인과 폴 카가메 정권의 정당성 등에 문제를 제기하며 논란을 일으켰다. 폴 카가메 정권과 일부 생존자들은 오히려 그가 제노사이드를 상업적으로 이용하고 있다고 비난하고 있다.

폴 루세사바기나는 테러 혐의로 체포되어 현재 르완다에 구금되었다. 2020년 9월 공판이 진행 중이며 그의 혐의는 테러와 살인 공모, 무장단체 결성 등 12개에 이른다. 그의 가족을 비롯한 국제인권단체들은 그가 납치된 것이며 공정한 재판을 받을 권리를 보장해야 한다고 주장하고 있다.

르완다의 영웅들

매년 2월 1일은 르완다 국경일인 '영웅의 날'이다. 한국의 현충일과 유사한 날로 국가적 영웅의 업적을 기리고 그들을 기억하는 날이다. 여기에서 영웅은 이만지, 이메나, 인겐지로 분류된다.

먼저 이만지*Imanzi*는 국가를 위해 목숨을 희생하면서 업적을 이룬 최고의 영웅을 의미한다. 대부분이 전쟁 영웅들로 르완다민족해방전쟁*에 참전해 사망한 무명의 군인들이 모두 여기에 속한다. 유해를 통해 신원을 확인할 수 없는 무명용사들은 키갈리의 레메라*Remera* 지역에 있는 아마호로 국립 경기장 옆 국립 영웅 묘지에 안장되었다. 무명의 군인들 외에 이만지로 여겨지는 사람은 폴 카가메 이전에 르완다애국전선의 지도자로 전쟁을 이끌었던 프레드 르위게마 뿐이다. 그는 현 대통령인 폴 카가메와 어린시절부터 함께했으며 1990년 르완다민족해방전쟁을 주도했으나 공격 둘째 날 최전선에서 총에 맞아 사망했다.

이메나*Imena* 역시 국가를 위해 희생한 영웅으로 탁월한 행동을 하여 모범이 되는 이들이다. 통치 기간 동안 노예제도를 없애고 대학을 설립하는 등 교육에 힘쓴 우므와미 무타라 3세

• 1990년 르완다애국전선의 르완다 정부에 대한 전쟁

Umwami Mutara III 왕이나 그의 비서로 일하다가 그레구아르 카이빈다*Grégoire Kayibanda* 초대 대통령 정권에서 인종차별과 분리를 거부한 이유로 살해당한 미쉘 르와가사나*Michel Rwagasana*, 르완다 최초 여성 총리로 여성의 권리 옹호에 힘쓴 아가타 우위린기마나*Agatha Uwilimgyimana*, 민족 구분에 따른 분리를 거부한 냔게중학교 학생들 등이 이에 해당한다.

마지막으로 인겐지*Ingenzi*는 아직 살아있는 영웅으로 뛰어난 아이디어와 업적으로 본보기를 보이는 이들이다. 이 범주에는 아직 해당하는 특정 인물을 정해두지 않았다.

함께 생각하고 토론하기

르완다의 현 대통령인 폴 카가메는 2003년에 대통령에 취임한 이후 20년 가까이 대통령직을 수행하고 있습니다. 폴 카가메 대통령은 제노사이드 종식에 결정적인 역할을 한 영웅이자 강력한 리더십을 가진 지도자로 국민의 지지를 받고 있습니다. 하지만 헌법개정을 통해 대통령 임기를 연장하면서 권력을 유지하기 위해 갖은 수를 동원하고 있어 그를 독재자로 보는 시선도 적지 않습니다.

● 르완다 국내외에서 폴 카가메 대통령을 지지하는 세력은 '그의 강력한 리더십이 아니었으면 지금의 사회 안정이나 경제 발전은 없었을 것'이라고 이야기합니다. 경제를 발전시키기 위해서라면 독재나 장기집권도 어느 정도 허용해야 할까요? 여기에 대한 생각을 적어봅시다.

4부

문화로 보는
르완다

진정한 형제애는
피가 아니라 나눔으로 이루어진다.

르완다 사람들의 이름에는 '성'이 없다

중간 이름을 쓰는 나라도 종종 있지만 한국 사람들은 성과 이름으로 이루어진 이중 조합의 이름을 보편적으로 쓴다. 르완다 사람들의 이름도 대개 이중 조합으로 이루어져 있다. 하지만 그 구성이 우리와는 좀 다르다. 르완다 사람들의 이름은 성과 이름이 아닌 르완다식 이름과 종교 이름으로 구성되어있다. 예를 들어 '아마호로 그레이스*Amahoro Grace*'라는 이름에서 아마호로는 '평화'를 뜻하는 키냐르완다 이름이고, 그레이스는 크리스천 이름이다.

르완다는 기독교인의 비율이 높아 크리스천 이름이 많은 편이지만 간혹 후세인*Hussein*과 같은 무슬림 이름도 있다. 성을 당연하게 생각하는 문화권에서 온 사람들은 르완다 이름인 아마호로가 성이겠거니 생각하는데 그렇지 않다.

르완다식 이름과 종교 이름은 물려받는 이름이 아니라 개인적인 이름이기 때문에 가족의 이름을 모두 나열해도 통일성을 찾을 수 없는 경우가 많다. 사업을 하면서 이런 이름에 얽힌 에피소드가 있다.

직원들을 고용하고 나서 2~3개월 지났을 때였다. 수습기간이 지난 정직원들에게 가족보험 혜택을 지원하려고 본인 포함 두 명까지 지원하도록 규정을 만들었다. 직원 프린스가 물어볼 것이 있다며 자신과 그레이스는 남매인데 각각 한 명씩 추가 지원을 받을 수 있느냐고 했다. 그가 이야기하기 전까진 둘이 남매라는 사실을 전혀 몰랐어서 깜짝 놀라 다시 물었다.

"그레이스와 남매라고? 정말? 왜 말하지 않은 거지?"

내가 너무 놀라자 프린스는 깔깔 웃으며 기가 막힌다는 듯 답했다.

"계약서 어머니 아버지 적는 곳●에 같은 이름이 적혀있는데 그걸 몰랐던 거야? 난 당연히 알 줄 알았지."

가족의 개념이 이름에는 표시되지 않기 때문에 르완다 여성들은 결혼한 이후에도 이름이 바뀌지 않는다. 반면 서양 문화권의 남자를 만나 결혼한 경우에는 남편의 성을 따른다.

● 르완다를 비롯한 많은 아프리카 나라에서 공식적인 문서(고용 계약서, 비자 발급 신청서 등)에 부모 이름을 적는다.

이름에 종교 이름을 넣기 시작한 것은 식민 시대 이후이다. 당시 서구에서 온 사람들이 르완다식 이름을 발음하기 어려워 해 편의상 영어 이름을 만들어 부르던 것이 굳어져 현재도 영어 이름(크리스천 이름, 종교 이름)을 짓는다고 한다. 그렇다면 식민 지배 이전의 이름은 어땠을까? 일반인의 이름이 기록에 남아있는 경우는 흔치 않다. 그래서 역대 왕들의 이름을 찾아보았는데 기항가 1세*Gihanga I*, 키겔리 5세 은다힌두라*Kigeli V Ndahindurwa*와 같이 르완다 이름만 가지고 있거나 두 단어의 르완다 이름으로 이루어진 것을 확인할 수 있었다.

르완다 언론에 소개된 사례를 보면● 르완다 이름은 점차 과거의 모습을 잃고 있다. 과거에는 아기의 이름을 지을 때 이름 중 하나는 선대의 이름을 따서 짓는 것이 일반적이었다. 아버지나 할아버지, 고모나 할머니의 이름을 아기 이름에 써서 가계를 계승했던 것이다. 예를 들어 *Cyuzuzo Jean-Mary Vianny*라는 이름에서 *Cyuzuzo*는 고유의 르완다식 이름, *Jean-Mary*는 영어 이름, *Vianny*는 아버지 이름과 같은 방식이다. 이런 방식으로 이름을 통해 자신의 정체성뿐 아니라 과거와의 연결고리를 두었다.

하지만 요즘 젊은 부모들은 조상의 이름을 붙이는 것을 꺼리고 영어 이름과 부모가 부여하고자 하는 르완다식 이름으로

●〈New Times〉 2011.1.6, 'The slow death of Surname' 참고

자녀의 이름을 짓고 있다. 아마도 이름을 부르거나 기록할 때의 효율, 트렌디한 이름을 주고 싶은 마음 등이 작용한 것이 아닐까 싶다.

마지막으로 이름과 관련된 재미있는 사실 한 가지를 소개한다. 르완다에서는 이름을 붙여주는 동물이 한정되어있다. 반려동물에 대한 개념이 확산된 요즘은 조금 다르겠지만 전통 사회에서는 오직 소와 개에만 이름을 붙였다. 소는 중요한 재산이기 때문이고 개는 사냥과 보안에 중요한 역할을 하기 때문이란다. 유사한 동물인 양이나 고양이에는 이름을 붙이는 법이 없다고 한다. '이름을 붙인다'는 행위에 특별한 의미를 부여한 것이 분명하다.

르완다 사람들의 삶이 담긴 전통춤

르완다는 아프리카 동부와 중부 사이에 위치한 작은 나라이지만 고유한 문화와 풍습을 가지고 있다. 이것을 잘 확인할 수 있는 것 중 하나가 전통춤이다. 아프리카 사람들에게 음악과 춤은 생활과 밀접해있다. 사냥이나 목축을 하던 민족, 농경 생활을 하며 정착한 민족 모두 공동체의 대소사에 음악과 춤으로 희로애락을 나누었다.

르완다의 전통춤은 결혼을 비롯한 집안의 대소사부터 국가 행사에까지 빠지지 않는다. 종류가 다양하며 여성이 추는 춤과 남성이 추는 춤이 나누어져 있다. 아프리카의 다른 나라 다른 민족의 춤이 특정 신체 부위를 움직이거나 움직임을 과장하는 방식이라면 르완다의 전통춤은 소품과 춤사위가 상당히 구체적이다. 춤을 처음 보는 사람도 어느 정도 알아챌 수 있을 정도로 특정한 행위를 묘사하고 있다.

예를 들면 괭이를 들고 곡괭이질을 하며 농사짓는 춤을 춘다 거나 항아리를 들고 술을 담그는 춤을 춘다거나 하는 식이다. 가축을 키우는 춤, 낚시를 하는 춤, 사냥을 하는 춤 등 다양한 춤사위가 있으며 각 춤은 고유한 춤사위와 스토리텔링을 가지고 있다. 추측건대 과거 전통 사회에서 춤은 공동체의 가장 일상적인 부분을 함께 보고 즐기면서 공동체의 기억을 환기하고 공유하는 역할을 하지 않았을까 싶다.

르완다의 가장 대표적인 춤은 전사의 춤 '인호레_Intore_'이다. 인호레는 키냐르완다로 '전사'라는 뜻이며 전사들이 사냥하는 모습, 용맹을 떨치는 모습들이 담겨있다. 르완다의 전통춤 중에서도 가장 화려하고 역동적이어서 관광객에게 인기가 많다. 춤을 추는 사람들은 식물의 섬유질을 엮어 사자의 갈기를 연상하는 풍성한 금발 가발을 만들어 쓰고 한 손에는 작은 방패를, 다른 한 손에는 창을 든다.

인호레는 정적인 동작과 동적인 동작, 군무와 독무가 함께 이루어져 보는 내내 눈이 즐겁다. 큰북 여러 개를 연주하여 리듬을 만들고 발목에는 큰 구슬이 달린 밴드를 감아 발을 내디딜 때마다 구슬이 부딪치는 소리가 난다. 탭댄스처럼 발을 굴러 리듬을 더하기 때문에 흥겨움이 극대화된다.

오늘날에도 어느 정도 규모가 있는 공식 행사나 국가의 기념

● 르완다 전사들의 모습을 표현하는 전통춤
(출처-https://www.newtimes.co.rw/lifestyle/rwandan-traditional-dance-firm-grip-culture)

행사에는 전통춤이 빠지지 않는다. 전통춤은 외부인에게 르완다의 문화를 이해하고 르완다에 대한 인상을 만들어주는 강렬한 경험을 준다. 외부인에게 잘 짜인 전통춤 공연은 춤으로 표현한 르완다의 역사서이자 생활상을 드러낸 향토지이며 르완다 사람들의 예술성과 공동체성을 느낄 수 있는 자리이다. 문화적 가치와 역사성을 보존하기 위해 르완다 정부와 기관에서는 청소년 및 청년을 대상으로 전통춤을 가르치는 프로그램을 시도하고 있다.

한 쌍의 커플, 세 번의 결혼식

'결혼은 인륜지대사(人倫之大事)'라는 말이 있다. 동양권에서 주로 하는 말이지만 결혼을 중대사로 여기는 것은 사회와 문화를 막론하고 마찬가지이다. 결혼은 르완다에서도 가장 기본적인 사회제도이며 결혼식은 가장 중요한 행사이다.

큰 사회 변화가 있은 후에는 결혼에 대한 의식과 형태도 크게 변화화한다. 하지만 독특하게도 르완다는 이전의 문화를 새로운 문화로 대체한 것이 아니라 그대로 축적하여 여러 형태의 의식을 한 번에 모두 치르고 있다. 한 쌍의 부부가 세 번의 결혼식을 올리는 것이다.

르완다의 결혼식은 전통 의식, 시민 의식, 교회 의식으로 구성된다. 전통 의식은 과거부터 르완다 사회에서 행해지던 의식으로 양가의 일가친척과 지인들이 모여 서로를 소개하고 혼수를 주고받는 등의 절차가 포함된다.

　전통적인 결혼식을 간략히 요약하면 이렇다. 먼저 신랑이 신부에게 청혼한다. 그다음 신부가 신랑을 부모와 친척, 친구들에게 소개하고, 신랑 측은 결혼을 청하며 지참금이나 가축 등을 선물한다. 결혼을 수락한 이후 신부 측에서 신랑신부가 새로운 가정을 꾸릴 수 있도록 몇 가지 상징적인 가정용품을 선물한다. 일정 기간이 지난 뒤 신랑신부 부모가 부부의 집을 방문하여 이들이 잘 지내는지 확인하는 의식을 치르는 것으로 전통 결혼의 절차가 마무리된다.

　시민 의식은 결혼을 결심한 부부가 지역의 관공서에 가서 혼인을 서약하고 신고하는 행정적인 절차이다. 한국 문화에서는 결혼식보다 간소하게 처리하는 과정이지만 르완다에서는 일정 기간 내에 결혼하는 부부들이 정해진 날 관공서에 함께 모여 한 번에 절차를 치르고 이 과정을 사진으로 기록하는 등 결혼의 중요한 과정으로 여긴다.

　마지막으로 교회 의식은 우리에게도 친숙한 결혼식이다. 르완다는 국민의 90퍼센트 이상이 기독교인이기 때문에 이 의식을 '교회 의식'이라 일컫는데 실제로는 전통 결혼식에 대비되는 '현대 결혼식'이라 하는 것이 맞지 않을까 싶다. 웨딩드레스를 입은 신부와 턱시도를 입은 신랑이 목사의 주례에 따라 식을 올리고 성혼을 알린다. 이후 성대하고 긴 피로연을 연다. 한

● 전통 의식   ● 교회 의식

● 시민 의식

국에서는 결혼식 30분, 피로연 1시간 정도 소요되는 데 비해 르완다의 결혼식은 본식이 최소 1시간, 피로연은 밤새 이어지는 것이 일반적이다.

결혼식을 올리려면 준비할 것도 많고 비용도 만만치 않게 들기 때문에 르완다 사람들은 쉽게 결혼을 결정하지 않는다. 지참금을 비롯해 선물 및 피로연 등을 준비하려면 중산층 가정에서는 살림살이가 휘청거릴 만큼 거금이 들어간다. 그래서 먼저 가족을 이루고 살면서 함께 준비하여 결혼식을 치르는 경우가 생각보다 많다.

나는 르완다에서 사업을 하며 초반 1년 사이 3명의 직원이 결혼하는 것을 경험했는데 그중 둘은 먼저 가정을 이루어 아이를 가진 뒤에 결혼을 했다.

최근에는 비용과 시간이 소요되는 결혼식에 대한 회의적인 의견들도 나오고 있다. 이런 분위기 때문인지 교회 의식과 전통 의식을 같은 날에 진행하여 하객들을 한꺼번에 부르는 방식이 많아졌고, 전통 의식을 간소화하거나 피로연을 축소하는 등 합리적인 결혼식도 증가하고 있다. 한국에서 스몰웨딩이 많아지는 것과 비슷한 맥락이다.

르완다의 예술품

예술이 된 바구니

르완다의 후예Huye 지역에 있는 민속박물관에 가면 전시실과 전시실 사이 통로에 한 여인이 앉아있다. 그녀는 관광객들에게 바구니 만드는 과정을 보여준다. 전시실에 다양한 형태로 촘촘하게 짜인 바구니들이 전시되어있는데 이것이 어떻게 만들어지는지를 보여주기 위해 일부러 박물관에서 준비한 것이다. 실제 손으로 바구니를 만드는 과정을 지켜보고 있으면 얼마나 많은 정성과 예술 감각이 발휘되어야 하는지를 느낄 수 있다.

르완다의 바구니는 어떤 재료를 쓰는지, 어떤 형태로 만드는지에 따라 몇 가지로 나눌 수 있다. 과거 왕궁을 비롯한 가정집에서는 바구니가 주요한 저장 도구였던 터라 크기에 따라 음식을 보관하기도 하고 귀중품을 보관하기도 하는 그야말로 생활필수품이라 할 수 있었다.

여성들은 자라면서 어머니와 할머니에게 바구니 짜는 법을 배웠고 이것은 중요한 생활 기술 중 하나였다. 현대에 이르러 더 이상 일상생활에서 쓰이진 않지만 결혼식과 같은 행사에서는 중요한 소품으로 활용되고 있다.

르완다의 바구니가 다시 주목받기 시작한 것은 시각적 아름다움 때문이다. 심미안이 있는 관광객들이 이 바구니를 활용하여 인테리어를 하기 시작했고 그것이 알려지면서 르완다의 대표적인 기념품이 된 것이다. 특히 접시 모양의 바구니는 다양한 색과 모양이라서 독특한 분위기를 연출할 수 있는 좋은 소품이 된다.

다양한 바구니 중 뾰족한 뚜껑을 가진 바구니를 '아가세케*Agaseke*'라고 부르며 결혼식이나 중요한 의식에 여전히 쓰인다. '귀한 것을 담는 바구니', '평화와 사랑을 전하는 바구니'라는 의미가 있기 때문이다. 신랑신부 양가

● 아가세케 바구니

● 다양한 무늬를 가진 바구니들 　　　　(출처-세 번째 사진 pinterest)

에서는 이 바구니에 선물을 담아 전달하거나 부부 간의 비밀을 보관하는 데 쓴다고 한다.

바구니를 만드는 장인들은 대부분 여성이다. 바구니가 기념품으로 판매되면서 여성의 소득 향상에 기여를 하자 바구니 만드는 기술을 가르치고 생산하는 여성 생산자 협동조합도 생겨났다. 전통도 전수하면서 여성들의 경제적 지위까지 향상할 수 있으니 일거양득이다.

소똥 그림, 이미공고

바구니와 더불어 르완다의 대표적인 예술품으로 꼽히는 '이미공고Imigongo'는 키냐르완다로 '소똥과 진흙을 반죽하여 만드는 그림'을 뜻한다. 굵은 선과 기하학적인 패턴으로 이루어져 있어 인상이 강렬하다. 르완다뿐 아니라 '아프리카다운' 멋을 풍긴다.

소는 르완다 전통 사회에서 신성하고 귀한 동물로 여겨졌는데 왕실에서 소를 관리하면서 소똥을 활용한 예술 활동이 시작되었고 이것이 이미공고로 이어졌다고 보고 있다.

현지에서 전해지는 이야기에 따르면 소똥을 활용한 그림을 가장 먼저 시작한 것은 18세기 동부 지역을 다스리던 키메니Kimenyi 왕의 아들 카키라Kakira 왕자였다. 카키라 왕자는 소똥에

● 기념품 가게에 비치된 다양한 패턴의 이미공고

적당량의 진흙과 재를 섞어 거처하는 벽에 패턴을 그려 꾸몄다고 한다. 이후 이 방식을 지역 여성들에게 가르쳤고 이것이 전승되어 르완다 여성들의 예술 활동이 되었다.

최근에는 염료가 다양해서 이미공고 작품에 다양한 색이 쓰이지만 전통적인 이미공고는 흰색, 검은색, 진한 노란색, 빨간색 중에서 사용된다. 흰색은 카올린이라는 광물이 포함된 진흙을 사용하고, 검은색은 바나나잎을 태운 재와 알로에 수액 등을 섞어서 만들고, 노란색은 황토로 표현하며, 빨간색은 철이 다량 함유된 점토를 활용한다.

제노사이드 기간 동안 이미공고 제작 기술을 가진 여성 대부분이 살해되면서 이미공고는 사라질 위기에 처하기도 했으나 동부 지역에서 이미공고 벽면 장식과 작품들이 발견되면서 부활했다. 오늘날 이미공고 패턴은 각종 관광 상품 소개 이미지 혹은 전통을 소개하는 이미지에서 자주 차용되고 있다. 또한 르완다 기념품 가게에서 만날 수 있는 가장 보편적인 기념품으로 자리 잡았으며 키갈리 내에는 이미공고 만들기 워크숍을 여는 매장도 있다.

르완다의 전통 재판, 가차차

역사는 계속된 규정과 평가로 구성된다. 어떤 사실과 사건의 발생을 두고 선별하고 판단한 결과가 역사이다. 1994년 비극을 겪은 르완다는 사회를 재건하는 과정에서 제노사이드의 '가해'와 '피해'를 어떻게 규정할 것인지, 가해자에 대한 처벌을 어떻게 할 것인지 고민했다.

새로운 사회를 건설하기 위해 과거를 정리하는 것은 필연적인 과정이다. 한국에서도 식민 지배 시절과 친일파 등의 문제는 과거사 청산을 이야기할 때 늘 오르내리는 주제이지 않은가. 이렇게 적절한 시기의 적합한 공과 구별은 사회통합에 큰 영향을 미친다.

르완다 정부가 직면한 문제는 가해자의 범주가 매우 넓다는 것이었다. 시민들을 선동하고 학살에 앞장섰던 주요 인물에 대한 재판은 르완다국제형사재판소(ICTR, International Criminal Tribunal for Rwanda)에서 이루어졌으나 살인이나 강간, 약탈에 참여한 사람의 수만 해도 10만 명이 넘는다. 르완다의 사법제도로 이들을 재판에 회부하고 판결한다고 했을 때 200년이 넘게 걸리는 일이었다. 이때 정부가 생각해낸 묘안이 전통의 공동체 재판 '가차차'였다. 가차차는 '풀밭 위의 정의'라는 의미이다.

식민 지배 이전의 르완다는 왕이 르완다의 모든 지역을 통치하며 잘잘못을 가리는 판단을 비롯한 모든 권위와 권력을 누리는 왕정 국가였다. 주요한 분쟁은 왕이 직접 판단하고 중재했는데 왕에게 분쟁을 제기하기 전에 거치는 지역의 소규모 재판을 가차차라고 불렀다. 이 재판의 중재자는 마을의 현자•였고 마을 사람들이 둘러앉을 수 있는 공터나 풀밭에서 재판이 이루어졌기 때문에 '풀밭 위의 정의'라는 이름을 갖게 되었다.

가해자가 잘못을 인정하고 희생자들에게 정의를 되찾아줌으로써 공동체의 질서를 회복하기 위한 것이 가차차 재판이다. 처벌이나 단죄를 결과로 하는 현대의 재판과는 다른 방식이다. 현자나 왕이 중재하는 가차차는 식민 시대에 서구의 법제(현대의 일반적인 사법제도)가 도입되면서 점차 정당성을 잃고 말았다. '정의 구현'에 대한 인식과 믿음도 달라졌다.

• 마을 사람들에 의해 현명하다고 추앙되는 사람

● 가차차 재판이 열린 모습

　제노사이드 이후의 르완다 정부는 가해자의 색출과 처벌을
위해 '사라진 전통'인 가차차를 도입했고, 전통과 현대의 재판
을 혼합하여 적용했다. 마을 재판의 원형은 살리되 범죄의 경
중에 따라 처벌의 범주를 정해두는 식이었다. 재판을 받아야
하는 대상을 세 카테고리로 나누었는데 첫 번째 카테고리는
갈등과 폭력을 선동한 리더와 강간범, 두 번째 카테고리는 사
람을 공격한 자들(공격 정도와 살인 여부에 따라 차등), 세 번째 카
테고리는 재산을 약탈하거나 손해를 입힌 사람들로 정했다.

　첫 번째 카테고리에 해당하는 범죄는 르완다의 사법기관에
서 담당했다. 두 번째와 세 번째 카테고리는 지역사회의 가차

차에서 죄가 가려졌는데 1만 2,000개 이상의 지역에서 120만 건 이상의 재판이 열렸다. 재판에서 죄가 가려지기 전에 자수한 사람에게는 좀 더 가벼운 형량이 선고되었고 누군가가 고발하여 죄가 밝혀진 경우에는 더 무거운 형량을 받았다. 정부는 각 카테고리별로 선고할 수 있는 형량을 정해두어 자의적인 판단으로 형을 집행하지 못하게 했다.

가차차 재판을 통해 이루어낸 가장 큰 성과는 비교적 빠른 시간 안에 광범위한 사건을 민중의 참여로 일단락지었다는 것이다. 대부분의 사건이 2007년까지 가차차 재판을 통해 다루어졌고 그 과정에서 지역주민들은 감정이 아닌 절차와 형식에 따라 갈등을 조정할 수 있었다. 가해자들의 죄를 물어 사건의 실재를 마주할 수 있었을 뿐 아니라 가해자에게는 범죄를 고백하면서 지역사회 앞에 용서를 구하는 기회를 제공했고 피해자에게는 가족과 친척의 죽음에 대한 진실을 받아들일 수 있는 계기를 마련할 수 있었다. 가해자의 진술을 통해 실종된 가족의 시체를 찾는 사례도 있었다고 한다.

가차차 도입이 르완다 정부의 어쩔 수 없는 선택이자 최선의 방법이었다고 이야기하지만 이에 대한 비판도 적지 않다. 현대의 법 집행에서 보장되는 변호사 선임의 권리, 무죄 추정의 원칙, 임의 체포나 구금 불가 등 피의자에 대한 인권이 보장되지 못했다는 것이 비판의 가장 큰 축이다. 또한 지역 내에서 이루어지는 비공식적 성격의 재판이다 보니 뇌물 수수의 가능성이 있다는 비판도 제기되었다. 거짓 증언이나 협박도 가려낼 방법이 없고 재판이 복수의 수단으로 쓰일 수 있다는 점도 가차차 재판의 위험성이라 할 수 있다.

하지만 비판과 논쟁에도 불구하고 르완다가 제노사이드를 극복하는 데 가차차가 큰 몫을 했음에는 분명하다. 또한 특정 집단이 해결하고 단죄하는 방식이 아니라 시민들이 직접 참여해 과거를 마주하고 해결했다는 점에서 독보적인 가치가 있는 시도가 아니었나 싶다.

시대를 뛰어넘는 르완다의 전통 헤어스타일

르완다 문화의 고유성을 확인할 수 있는 사례는 다양하지만 그중 가장 인상 깊은 것을 꼽으라면 르완다만의 헤어스타일인 '아마순주*Amasunzu*'라고 하고 싶다. SF 영화에 나올 법한 이 독특한 헤어스타일은 100년 전 르완다 사회에 널리 퍼져있던 문화 중 하나이다. 아마순주는 종종 '시대를 앞서간 헤어스타일', '세계에서 가장 독창적인 전통문화' 등으로 소개된다.

아마순주는 약 30여 가지의 유형이 있으며 18세기 르완다에서 남녀를 막론하고 보편적으로 자리 잡았던 문화이다. 유형에 따라 머리의 일부는 밀고 나머지 부분은 형태를 잡아서 다듬었다. 그 당시 르완다 청년에게 아마순주는 성인 의식의 일부처럼 여겨졌다. 남성의 경우에는 힘, 명예, 지위를 드러내

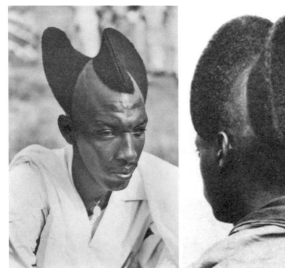

● 르완다의 전통 헤어스타일 아마순주

● 아마순주 머리를 한 르완다의 소녀들

● 2018년 아카데미 시상식 당시 루피타 뇽오　　　　　(출처-shakarasquare)

는 상징이었고, 여성에게는 미혼임을 나타내는 의미였다. 여성
의 경우 결혼하고 나면 머리의 일부를 더 이상 밀지 않고 그
대로 길렀다.

　현대사회에서 아마순주는 흔히 볼 수 없지만 여전히 많은
아티스트에게 영감을 주는 자료로 활용되고 있다. 〈노예 12년
12years a slave〉, 〈블랙팬서〉 등에 출연했던 케냐 여배우 루피타 뇽
오*Lupita Nyong'o*가 2018년 아카데미 시상식에 아마순주를 모티
브로 한 머리로 참석하여 화제가 된 바 있다.

수확의 기쁨을 나누는 우무가누라

한국에 추석이 있다면 르완다에는 우무가누라*Umuganura*가 있다. 우무가누라는 르완다 전통에서 이어져오는 기념일로, 수확물을 나누며 축하하는 날이다. 매년 8월 첫 번째 금요일로 정해져 있으며 공휴일로 지정되어있다.

우무가누라는 '첫 번째로 수확한 열매를 맛본다'라는 의미의 쿠가누라*Kuganura*에서 유래했으며 수확이 끝난 뒤가 아니라 첫 열매가 맺었을 때 이를 축하하는 날이었다. 수확기가 시작될 때 치르는 의식이었던 것이다. 하지만 시간이 흐르면서 수확이 모두 끝난 이후 수확물을 나누며 신과 조상에게 감사하는 축제로 자리 잡았다.

식민 지배 이전의 르완다 왕국 시대에서는 우무가누라가

1년 중 가장 중요한 날이었다. 한 해의 수확물뿐 아니라 삶에서 주어지는 모든 좋은 것들에 대해 신과 조상에게 감사하는 날이었다.

우무가누라는 날짜를 세는 기준이 되기도 했다. 당시에는 문자로 기록하지 않았기 때문에 발생한 사건을 이야기할 때 우무가누라를 중심으로 그 시기를 이야기했다. 예를 들어 "우무가누라 한 달 전에 왕이 즉위했다."고 하는 식이다.

우무가누라 행사는 가족, 지역, 국가 차원에서 각각 진행되었다. 르완다 전통 사회에서는 자신의 조상을 섬겼는데 우무가누라 때 가족 단위로 자신의 조상에게 감사 인사를 올리는 것이 가장 우선되는 의식이었다. 이를 마치고 나서 지역 행사나 국가 행사에 참여했다.

각 지역에서는 다른 지역의 손님들을 초대해 그 지역에서 생산된 모든 수확물을 모아 축제를 열었다. 이날은 음식을 나누고 화합을 추구하는 날이기 때문에 거지나 난봉꾼 할 것 없이 음식을 두루 나누었다고 한다. 음식을 나누어 먹을 때 한 가지 규칙이 있었는데 '나이가 많은 사람이 먼저 먹는다'는 것이다. 유교식 예절과 비슷하여 우리에게는 매우 익숙하게 느껴진다.

국가 차원에서는 거리 행진과 다양한 전통 놀이가 개최되었고 한 해 동안 생산된 뛰어난 공예품이나 예술품을 전시하기도 했다. 왕실에서 국민에게 선물을 지급하기도 했다고 한다.

● 우무가누라에 나누는 수확물과 음식 (출처-The New Times)

우무가누라 축제를 통해 화합과 단합을 이루고 자국의 문화를 공유하고 자랑스러워한다는 점은 식민지 지배 세력에게는 달갑지 않은 것이었다. 식민 정부는 우무가누라를 금지했고 식민 지배 기간 동안 일부 지역에서 비밀스럽게 진행되는 방식으로 간신히 그 명맥만 유지되었다. 독립 이후 우무가누라 복원에 대한 논의가 계속 이어지다가 2011년 국가 공휴일로 공식 지정되면서 국가 행사로 다시 자리 잡았다.

오늘날 우무가누라는 전통적인 방식으로 음식을 나누는 것을 비롯해 사회 각 분야의 성과를 기리고 축하하는 것으로 영역을 확장했다. 정부에서는 우무가누라의 전통을 이어가면서 청년세대가 기성세대에게 르완다의 전통과 가치를 배울 수 있기를 기대하고 있다. 전통문화를 도입하고 재건하면서 르완다의 정체성이 견고해지길 기대하는 것이다.

정치적 의도를 차치하더라도 우무가누라가 공동체가 나눔과 화합의 정신을 실현하는 의미 있는 행사임에는 틀림없다. 우리도 한가위에는 '더도 말고 덜도 말고 한가위만 같아라'하는 인사를 나누곤 한다. 르완다의 우무가누라 역시 비슷하지 않을까? 풍요와 나눔이 가득한 우무라누라만 같아라.

르완다의 음식 문화

왕족의 특별 관리 음식, 우유와 바나나술

아프리카를 알려면 바나나를 알아야 한다. 바나나가 많이 수확되기 때문에? 비단 그 이유뿐만은 아니다. 바나나는 아프리카 대륙의 많은 나라에서 주식으로 소비되기도 하지만 동시에 중요한 소득원이기도 하다. 아프리카 역사에서 바나나는 공동체 형성의 큰 요인이었으며 곳곳의 전통문화에서 다양한 바나나의 쓰임을 발견할 수 있다.

두껍지만 결을 따라 잘 벗겨지는 껍질, 부드럽게 씹히는 촉감, 달콤함과 향긋함을 겸비한 바나나는 많은 사람이 호불호 없이 즐기는 과일이다. 한국에서 접하는 바나나는 단일 품종이지만 사실 바나나의 종류는 수십 가지에 이른다. 그리고 그 대부분은 아프리카 대륙에서 재배된다.

바나나의 원산지는 동남아시아이다. 하지만 아프리카 대륙에 전래된 이후 60여 종류로 변종되고 확산되었다. 바나나가 아프리카에서 다양해진 까닭은 아프리카의 열대우림기후가 바나나의 생육에 적합한 이유도 있지만 아프리카 사람들이 바나나를 잘 이해하고 활용했기 때문이기도 하다.

아프리카에서 바나나는 주식 작물 중 하나이다. 물론 우리가 아는 그 바나나와는 다르다. 바나나는 크게 요리용과 디저트용으로 나뉘는데 우리가 먹는 과일 바나나는 디저트 바나나에 속한다. 아프리카 대륙에는 디저트 바나나의 변종도 다양하지만 그보다 더 발달한 것은 요리용 바나나이다. 요리용 바나나는 탄수화물 함량이 높아 에너지원으로 적합하며 디저트 바나나와는 달리 익혀서 먹어야 한다.

아프리카의 많은 나라에서 바나나는 식량 이상의 의미를 지닌다. 바나나 열매는 다양한 방식으로 조리되는데 음식으로 섭취하는 것 이외에 음료에도 활용하고 있다. 특히 르완다 전통 사회에서는 왕이 '바나나술'을 관리하는 사람을 따로 두었을 정도로 바나나 음료에 대한 의미를 각별하게 생각했다. 르완다에서 바나나술은 귀한 손님을 대접하거나 집안의 대소사를 치를 때 필수적으로 준비하는 음료였다.

좋은 품질의 바나나술을 만들려면 충분한 양의 바나나와 이

● 냔자의 왕궁박물관에 있는 왕궁 내 바나나술 저장공간. 뒷편 항아리들은 숙성 중인 바나나술의 저장용기이다. 호리병에 숙성된 술을 담아 수숫대를 빨대로 활용해 술을 마셨다.

를 가공하기 위한 인력과 저장 및 숙성을 위한 공간이 필요하다. 다시 말해 바나나를 재배할 수 있는 재력과 인원을 동원할 수 있는 권력이 바나나술의 품질을 좌우한다.

바나나술은 르완다 사회에서 관계의 핵심이며 사회성의 상징이었다. 르완다에서 전통 사회와 공동체 문화를 이야기할 때 바나나술을 빼놓을 수 없는 이유이다.

르완다 왕궁박물관에서 전통 왕궁의 모습을 보면 왕과 왕족의 거주지 외에 별도 관리 공간이 있는데 바나나술을 제조하고 저장하는 곳이다. 바나나술 관리인은 최상의 품질로 술을 숙성하고 보관하는 일을 담당했다. 그래서 항상 취해있었다고 한다.

또 다른 별도 공간으로는 외양간이 있다. 앞에서도 말했듯이 르완다에서 소는 부(富)의 척도이자 권력의 상징이었기 때문에 왕실이 소유한 소는 귀하게 여겨지면서 각종 의식에 쓰였다. 소는 단순히 상징일 뿐 아니라 왕이 먹는 특별한 먹거리, 우유를 제공하는 공급원이기도 했다.

구전으로 전해지는 이야기뿐 아니라 사진 기록과 같은 다양한 자료에서 르완다 왕을 비롯한 왕족들은 매우 장신이었던 것으로 확인되는데 이 배경에는 꾸준한 우유 섭취가 있지 않나 생각해본다.

바나나와 우유 모두 수확과 관리에 인력과 재력이 투입된다는 점에서 경제적인 우위를 상징한다. 또한 그 자체로 권위의 상징이면서 동시에 각종 문화적 행사와 연결되며 종교적인 의미까지 더해진 특별한 음식이다. 왕궁에서 거주지 외 나머지 공간이 바나나술과 우유를 관리하기 위한 공간이라는 점을 보면 이런 상징이 더욱 명확해진다. 왕실의 특별 음식이 음료라니. 왕족의 호리호리한 몸이 이해되는 대목이기도 하다.

아프리카 현지식 레스토랑을 운영하고 있기 때문에 주변 사람들로부터 '아프리카 음식은 어떤 특징이 있는지'에 대한 질문을 심심치 않게 받곤 한다. 조리 방식, 저장 방식, 주요 식자재, 향신료의 사용 등 다양한 이야기를 할 수 있지만 꼭 빼놓지 않고 말하는 부분 중 하나가 '긴 조리 시간'이다.

르완다는 예로부터 지금까지 조리를 위한 불을 숯으로 이용하는 경우가 많아 센 불에서 짧게 요리하기보다 은근한 불에 오랫동안 끓여낸 음식이 두드러진다. 이런 이유로 르완다의 전통 요리로 꼽는 음식 중 스튜 종류가 많다.

르완다 사람들이 가장 즐겨 먹는 스튜 중 하나인 이솜베 _isombe_ 는 주재료가 카사바 잎이라서 짙은 초록색을 띤다. 보통 우리가 아는 국물요리들이 대개 황색이나 적색인 것을 생각해 보면 이솜베는 그 색 때문에 외부인들에게는 낯설 뿐 아니라 호감 가지 않는 음식일 수 있다. 하지만 굉장히 깊은 맛을 가진 음식이다. 그도 그럴 것이 다양한 재료가 들어가고 반나절 이상 충분히 끓여 만드는 음식이기 때문이다. 육수는 고기의 뼈나 생선으로 우려내고 여기에 카사바 잎과 토마토, 땅콩가루와 각종 향신료가 어우러져 부드러우면서도 고소한 맛이 난다.

많은 재료가 들어가기도 하고 조리 시간이 길기도 해서 이솜베는 한 번 끓이면 절대 적은 양을 만들지 않는 음식이기도

● 카사바 잎(왼쪽)과 카사바 잎을 잘게 다져서 말린 이솜베 재료(오른쪽)

하다. 큰 냄비에 재료를 아낌없이 붓고 긴 시간 동안 끓이면서 맛을 내는 음식이기 때문에 예전에는 한 번 이솜베를 끓이면 넉넉히 만들어 이웃과 두루두루 나누어 먹곤 했다고 한다. 이솜베라는 음식이 나눔의 상징이었던 셈이다.

한국에서 집집마다 고유한 된장찌개 조리법이 존재하듯 르완다에서도 각 가정 나름대로 자신만의 이솜베 조리법을 가지고 있다. 구성원의 취향대로 고기가 들어가기도 하고 말린 생선이 들어가기도 한다. 어떤 집은 고추를 통째로 넣어 매운맛을 강조하고 어떤 집은 땅콩가루를 넣어 되직한 느낌과 고소함을 더 살리기도 한다. 가장 보편적인 음식이면서 동시에 특별한 음식이기 때문에 남녀노소 가리지 않고 모든 사람에게 사랑받고 있다.

이솝베는 보통 탄수화물류의 주식과 곁들여 먹는다. 르완다의 주식은 쌀과 옥수수, 감자, 카사바, 바나나, 얌 등이며 그대로 익혀서 먹기도 하지만 옥수수나 카사바는 가루를 내어 반죽을 만들어서 먹기도 한다. 옥수숫가루로 만든 반죽을 카웅가, 카사바 가루로 만든 반죽을 우갈리라고 하는데 한국 음식의 떡과 비슷한 질감이다. 카웅가는 백설기처럼 포슬포슬한 느낌이고, 우갈리는 찹쌀떡처럼 쫀득하다.

● 오목한 식기에 담긴 것이 이솝베이고 그를 둘러싼 둥근 반죽이 우갈리이다.
(출처-키자미테이블)

조화롭게, 멜랑제

벨기에의 오랜 식민 통치를 받았던 르완다는 일상언어 곳곳에 프랑스 단어가 많이 남아있다. 음식을 일컫는 말에도 프랑스어를 그대로 쓰는 것들이 있는데 대표적으로 뷔페를 뜻하는 '멜랑제mélranger'를 들 수 있다. 멜랑제는 프랑스어로 '섞다'라는 뜻으로 여러 음식을 한꺼번에 먹을 때 쓰는 단어이기도 하다.

사실 뷔페식은 다른 아
프리카 나라에서도 호텔
을 중심으로 쉽게 찾아볼
수 있다. 하지만 르완다는
다른 나라에 비해 뷔페식
이 훨씬 보편화되어있다.
모든 식당의 뷔페식이 동
일한 메뉴를 취급하는 것
은 아니지만 보통 밥을 포

● 르완다의 흔한 뷔페식 멜랑제를 담은 접시
(출처·키자미테이블)

함한 탄수화물류, 이에 곁들일 수 있는 스튜와 현지의 토속음
식 소스류, 과일과 샐러드 정도로 구분할 수 있다. 재미있는 점
은 약간 규모가 큰 식당에 가면 인근 나라의 요리까지 모두 섭
렵한 메뉴를 볼 수 있다는 것이다. 케냐의 우갈리나 우간다의
마토케●와 같은 대표 음식들도 쉽게 접할 수 있다.

멜랑제를 내는 많은 현지식 식당은 '르완다 음식'을 내세우
기보다는 '아프리카 음식'이라고 설명하곤 한다. 한번은 가정
식을 체험하는 쿠킹 클래스에서 "이 음식이 르완다 전통음식
인가요?"라고 물은 적이 있는데 이때 쿠킹 선생님이 이렇게
대답했다.

● 플랜테인 바나나를 쪄내듯 끓인 것

"글쎄요. 따져보면 이건 콩고 음식이고 저건 우간다 음식이고… 하지만 여기서 우리가 오랫동안 이렇게 먹었으니 르완다 음식이기도 하지요."

르완다에서 멜랑제만 잘 먹어도 주변 나라들의 대표 음식까지 갖춰진 한 상 차림을 경험하는 것과 같다.

이런 면을 통해 르완다의 강점을 느낄 수 있었는데 그것은 무엇이든 잘 받아들인다는 것이다. 르완다는 국가 면적도 작고 인구도 많은 편이 아니며 특별한 자원이 있는 것도 아니다. 하지만 특유의 유연성이 있다. 르완다의 공용어는 널리 쓰이는 키냐르완다 외에 영어와 프랑스어, 스와힐리어까지 네 가지이다. 다분히 의도적인 '멜랑제'이다.

르완다 정부가 추진하고자 하는 '아프리카의 허브'가 되겠다는 야심 찬 계획도 달리 나온 것이 아니다. 자원과 인프라가 부족한 나라로서의 궁여지책이라기보다는 포용과 유연성을 지닌 르완다의 특성이 담긴 포부라고 볼 수 있지 않을까? 이미 르완다는 주변 나라와 충분히 '자유로운 관계'를 맺으며 그 기반을 쌓아왔다. 조화로운 그들의 밥상에서 그 가능성을 본다.

국민 간식 삼부사

음식은 그 사회의 역사, 환경, 문화, 취향을 고스란히 반영한다. 지구촌 구석구석, 심지어 오지에서도 찾아볼 수 있는 코카콜라는 대륙 또는 나라별로 맛을 조금씩 다르게 조정하며, 글로벌 프랜차이즈 맥도날드도 각 나라의 음식문화에 맞추어 메뉴를 변형한다. 음식의 전래와 확산 과정에서 음식은 자연스레 그 사회를 담고 닮아간다.

아프리카 대륙에서 접할 수 있는 음식 중에도 현지화된 외래 음식이 적지 않다. 대표적인 것이 아프리카 대륙 어디서든 만날 수 있는 간식 '삼부사'이다.

르완다에서도 삼부사는 가장 흔한 간식 중 하나이다. 속이 꽉 찬 삼부사는 한두 개만 먹어도 배가 부를 정도로 든든하기 때문에 간단히 식사를 때워야 하는 처지인 사람들에게 더할 나위 없이 훌륭하고 가성비 좋은 음식이자 간식거리이다.

삼부사는 손바닥 정도 크기이고 일반 레스토랑뿐 아니라 모토택시 기사들이 애용하는 기사 식당, 대형마트의 베이커리, 부티크 등 간단한 먹거리를 취급하는 거의 모든 곳에서 찾을 수 있다. 판매처에 따라 가격이 천차만별이지만 기사 식당이나 부티크에서는 개당 500르완다프랑(한화 약 700원)을 넘지 않는다.

르완다에서 처음 삼부사를 접했을 때 나는 인도 음식이 전해진 것으로 생각했다. 개인적으로 삼부사●라는 음식을 인도,

---

● 인도, 네팔에서는 '사모사'라고 부른다.

네팔 등지에서 처음 접했기 때문이다. 반가운 마음에 몇 개 사들고는 한입 먹자마자 깜짝 놀랐다. 안에 들어있는 속재료가 소고기였던 것이다. 인도에서는 감히 상상할 수 없는 삼부사가 아닌가.** 이후 아프리카의 다른 나라에서도 삼부사를 접했는데 소고기뿐 아니라 콩, 옥수수, 감자 등 다양한 식자재가 속재료로 쓰인다는 것을 확인할 수 있었다.

삼부사의 기원은 중동 지역이다. 이란, 아프가니스탄 등지에서 유래했다고 한다. 이후 인도와 파키스탄 지역에서 널리 먹는 음식이 되었으며 아프리카뿐 아니라 남아시아까지 전해졌다. 지역에 따라 삼부사, 사모사, 사무사, 삼사 등 다양한 이름으로 불린다. 이름은 다양하지만 '밀가루 반죽으로 만든 얇은 피에 속재료를 넣어 삼각형 모양으로 만든 튀김'이라는 점은 공통적이다.

아프리카에서는 주로 동부 아프리카와 남부 아프리카 지역에서 삼부사를 접할 수 있다. 동부 아프리카의 경우 유래를 정확히 추적하긴 어렵지만 중동 및 인도 문화의 전래 과정에서 들어온 것으로 보인다. 어디에서 어떻게 유래되었든 현지 사람들이 사랑하는 음식이고 일상에서 흔하게 소비된다는 점에서 삼부사는 이미 부인할 수 없는 르완다 음식, 아프리카 음식이다.

●● 인도에서는 소를 신성시해 먹지 않는다.

르완다 음식 만들어보기

카춤바리

　카춤바리는 케냐의 대표적인 토마토 샐러드로, 르완다의 멜랑제에 반드시 포함되는 샐러드 중 한 종류이다. 보편적인 재료로도 만들 수 있어서 한국에서도 쉽게 따라 해볼 수 있다.

재료

토마토
양파
올리브오일
식초
레몬즙

※ 취향에 따라 오이나 고수를 곁들일
　 수 있다.

만드는 법

1. 토마토와 양파는 얇게 썬다. (깍둑썰기를 하기도 한다.)
2. 올리브오일과 식초, 레몬즙을 4:1:1의 비율로 섞어 드레싱을 만들고 소금으로 간을 한다.
3. 썰어둔 토마토와 양파에 드레싱을 끼얹어 잘 버무려준다.

소고기 삼부사

삼부사는 만두처럼 속재료를 다양하게 변주하여 만들어볼 수 있다. 여기에서는 르완다에서 가장 흔하게 접할 수 있는 소고기 삼부사를 소개한다.

재료

소고기 다짐육
대파
다진 마늘
춘권피(만두피, 또띠야 등 얇은 반죽으로 대체 가능하다.)

만드는 법

1. 대파는 잘게 다지고, 기름을 두른 팬에 다진 마늘과 다진 파를 볶는다.
2. 기름에 마늘 향이 배고 파의 수분이 어느 정도 날아갔을 때 소고기 다진 것을 넣고 소고기가 익을 때까지 볶는다.
3. 소고기가 다 익으면 소금과 후추로 간을 한다. 현지에서는 고추기름으로 매운맛을 더하는데 후추나 청양고추 등 취향대로 매운맛을 더할 수 있다.
4. 춘권피를 접어서 원뿔 모양을 만들고, 그 안에 3의 속재료를 채워 넣는다. 반죽에 밀가루 풀을 묻혀 삼각형 모양으로 덮고 오므려준다.
5. 불에 달군 기름에 춘권피가 바삭하게 익을 때까지 튀겨낸다.

캐럿라이스(당근밥)

한국 사람들은 주로 아무 간도 하지 않은 흰밥을 먹지만 르완다 사람들은 밥에도 간을 하고 다양한 재료와 섞어 먹는 것을 즐긴다. 캐럿라이스는 볶음밥 종류로 볼 수도 있지만 그에 비해 재료도 단출하고 부담 없이 먹기에도 좋다.

재료

쌀
당근
양파
카레가루

만드는 법

1. 흰쌀로 밥을 짓는다.
2. 당근과 양파를 잘게 다진다.
3. 기름을 두른 팬에 당근과 양파를 먼저 볶는다.
4. 볶은 채소에 밥을 넣고 볶는다.
5. 카레가루를 더해 색과 향을 내면서 조금 더 볶는다.

이미토노레

    르완다 사람들은 고기를 자주 먹지 못하기 때문에 부족한 단백질을 주로 콩으로 섭취한다. 콩을 활용한 다양한 요리 중 이미토노레는 마늘과 토마토의 감칠맛이 두드러지는 음식으로 한국인의 입맛에도 잘 맞는 음식이다.

재료

강낭콩 종류의 긴 콩
다진 마늘
양파
토마토

만드는 법

1. 콩을 충분히 불려둔다.
2. 끓는 물에 불린 콩을 푹 삶는다.
3. 마늘, 양파, 토마토는 각각 다져서 준비한다.
4. 콩을 삶는 동안 팬에 기름을 두르고 다진 마늘과 양파, 토마토를 넉넉히 넣고 볶는다.
5. 팬의 채소들이 뭉근히 익어 소스처럼 되었을 때 삶은 콩을 넣고 소스와 잘 섞이도록 더 볶는다. 소금으로 간을 맞추고 마무리한다.

이솜베

이솜베의 주재료 중 카사바 잎은 한국에서 구할 수 없는 식재료이므로 한국에서는 시금치로 대체한다. 실제 이 레시피대로 만든 적이 있었는데 시금치의 달큰한 맛이 첨가된 것 외에는 르완다 현지의 이솜베와 비슷한 맛이 났다.

재료

사골 뼈
시금치
양파
토마토
토마토 페이스트
땅콩가루

만드는 법

1. 사골은 충분히 육수가 우러날 때까지 끓인다.
2. 모든 채소는 다져서 준비하고, 사골 육수가 준비되면 토마토를 제외한 모든 재료를 넣고 졸인다는 느낌으로 끓인다.
3. 물이 졸아들어 되직한 느낌이 들면 토마토 다진 것과 토마토 페이스트를 넣고 한 번 더 끓여준다.
4. 마지막에 땅콩가루를 넣고 잘 저으면서 끓여준다. 시금치의 녹색이 검은 빛을 띠는 진한 녹색으로 변하면 완성이다.

(사진 출처-키자미테이블)

함께 생각하고 토론하기

제노사이드로 발생한 피해자는 100만여 명, 가해자는 10만여 명에 이르렀습니다. 이후 복구 과정에서 르완다 정부는 빠른 사회 복구와 통합을 위해 전통적인 재판 방식인 '가차차'를 활용하여 마을 단위로 재판을 하고 가해자를 판별하게 했습니다.

가차차는 명문화된 법조문을 기준으로 판사가 죄와 형량을 선고하는 현대 재판과는 달리 피해자가 증언하고 가해자가 시인하면서 죄를 입증하고 피해자에게 정의를 되찾아주는 방식입니다. 이런 방식을 통해 과거 공동체 안에서 벌어진 일을 되새기고 이웃 간에 잘못을 인정하고 용서할 기회가 되기도 했습니다.

● 르완다에는 가차차 외에도 전통 사회의 방식을 이어가거나 현대화한 사회제도가 여럿 있습니다. 책에 소개된 사례를 살펴보고 가장 인상 깊었던 것은 무엇이었는지 이유와 함께 이야기해봅시다.

●● 현대사회에 필요한 전통적인 가치는 무엇이 있을까요? 한국의 전통을 생각해보고 현대사회에서 잘 적용되고 있거나 지금은 사라졌지만 앞으로 되살렸으면 하는 전통에 대해 생각을 나누어봅시다.

5부

여기에 가면
르완다가 보인다

평화가 있는 곳에는
단검이 면도할 때나 쓰인다.

박물관에서
르완다 역사 읽기*

르완다에는 총 8개의 박물관이 있다. 각 박물관은 역사관이 자 미술관, 향토관, 식물원, 유적지 등 다양한 성격을 띠고 있 어 르완다에 대해 좀 더 알고자 하는 사람들에게 좋은 배움의 장이 된다. 모든 박물관에는 입장료가 있으며 르완다 현지인, 르완다에 거주하는 외국인, 외국인 관광객 각각 요금을 달리 하고 있다.

● 여기에서 소개하는 박물관 관련 사진 자료는 모두 르완다 국립박물관협의회의 홈 페이지(http://museum.gov.rw)에 있다.

민속박물관 *Ethnographic Museum*

민속박물관은 키갈리에서 남쪽 방향에 위치한 후예라는 도시에 있다. 1987년에 설립되었으며 총 7개의 관에 르완다의 전통적인 생활상을 살펴볼 수 있는 각종 자료와 전시품이 다양하게 전시되어있다. 르완다의 역사, 향토, 예술 등 르완다 문화의 다층적인 면을 둘러볼 수 있는 곳이다.

박물관 한쪽에는 바구니나 조각 등 기념품을 판매하는 전시판매장이 있는데 비교적 제품이 잘 선별되어있고 가격도 합리적인 편이다.

왕궁박물관 *King's Palace Museum*

왕궁박물관은 르완다 남부 지역에 있는 냔자에 위치해 있다. 같은 방향으로 조금 더 이동하면 민속박물관이 있는 후예 지역이므로 왕궁박물관과 민속박물관을 함께 묶어서 관람하면 이동할 때 용이하다.

왕궁박물관은 2008년에 문을 열었으며 르완다의 왕정 시대를 중심으로 살펴볼 수 있게 구성되었다. 르완다의 군주제는 1960년대 초에 폐지되었지만 르완다 왕국 후반에 식민 통치를 한 벨기에가 현대식 건물을 지어주어 전통 양식의 왕궁과 현대

● 민속박물관

● 왕궁박물관

식 왕궁 모두를 구경하는 것이 가능해졌다. 전통식 왕궁은 19세기의 형태를 복원한 것이다.

전통식 왕궁에서는 왕과 왕족들이 머물렀던 주거 형태를 비롯하여 생활양식을 살펴볼 수 있다. 왕족의 재산으로 관리되던 인얌보소*Inyambo*를 키우는 공간도 별도로 마련되어있다.

현대식 왕궁은 무타라 3세가 1959년 사망할 때까지 머물렀던 공간으로 지금은 전시실로 꾸며 개방하고 있다. 전시실에는 식민 지배를 당하던 시절의 역사부터 왕족의 역사가 비교적 상세하게 전시되어있다.

박물관을 둘러보는 동안 가이드가 설명해주기 때문에 짧은 역사 수업을 듣는 것 같은 느낌이다.

르웨세로박물관 *Rwesero Museum*

2006년에 개관한 르웨세로박물관은 왕궁박물관과 함께 냔자 지역에 있다. 이 박물관 건물은 무타라 3세의 신축 궁전으로 기획되어 1957년부터 1959년까지 지어졌는데 완공 직전에 무타라 3세가 세상을 떠났다.

한동안 국립미술박물관으로 쓰였으나 2018년 키갈리로 이전했다. 현재는 아프리카 사람들의 일상과 역사를 소개하는 자료와 함께 미술품을 전시하고 있다.

환경박물관 *Museum of Environment*

2015년 카롱기Karongi 지역에서 문을 열었다. 2층 건물로 이루어져 있으며 옥상에는 전통 약초들로 꾸며진 정원이 있다.

르완다는 아프리카 대륙에서 유일하게 재생에너지와 비재생에너지 모두를 사용하고 있다. 환경박물관은 환경보전의 중요성을 알리는 교육의 장이자 지속가능한 세계를 위한 정보를 제공하는 역할을 하고 있다.

국립해방박물관 *National Liberation Museum Park*

투치에 대한 후투의 학살이 시작되자 우간다에서 세력을 키워온 르완다애국전선이 르완다 정권에 대항해 전쟁을 일으켰다. 이를 르완다민족해방전쟁이라고 하는데 1994년 10월 1일부터 제노사이드 종식일인 1994년 7월 4일까지 이어졌다. 르완다 북부 기춤비Gicumbi 지역에 있는 국립해방박물관은 이 학살을 종식시킨 해방 투쟁에 대한 역사를 소개하고 있다.

영상 및 각종 자료를 통해 전쟁 전후의 상황과 사건을 이해하기 쉽게 꾸며놓았으며, 전쟁 당시 사령관이었던 폴 카가메가 몸을 숨겼던 벙커도 볼 수 있다.

● 르웨세로박물관

● 환경박물관

● 국립해방박물관

반제노사이드박물관 *Campaign Against Genocide Museum*

　키갈리 국회의사당에 있는 반제노사이드박물관은 2017년에 개관했다. 현재의 국회의사당 건물은 국가개발의회로 쓰였는데 이곳에서 르완다애국전선 정치인들과 이들의 방위군이 정권 교체를 논의했으며 1994년 7월 4일 폴 카가메 사령관이 군대의 해산을 알리고 각자의 공간으로 돌아가 제노사이드 희생자들을 구출하도록 명령한 곳도 이곳이다.

　반제노사이드박물관에서는 유엔군이 철수한 이후 르완다애국전선이 어떻게 반제노사이드 캠페인을 펼치며 르완다민족해방전쟁을 이끌었는지, 어떻게 희생자들을 구출했는지 등에 대한 자료들을 관람할 수 있다. 현 집권 정당인 르완다애국전선 중심으로 자료 및 전시품, 설치물 등이 전시된 점을 볼 때 다분히 정치적 성격이 강한 공간임을 고려할 필요가 있다.

르완다미술박물관 *Rwanda Art Museum*

　르완다미술박물관은 키갈리국제공항에서 불과 4킬로미터 정도 떨어진 카놈베*Kanombe* 지역에 위치해 있다. 2018년에 개관했으며 본 미술관이 개관하기 전에는 냔자 지역에 있는 르웨세로박물관이 국립미술박물관 역할을 했다.

이곳에는 르완다 작가뿐 아니라 다양한 국적의 작가들이 그린 현대미술 작품들이 전시되어있다. 르완다만의 창의성과 미술의 발전을 전하고자 하는 것이 르완다미술박물관의 목적이다. 상설전시관과 기획전시관, 아동을 위한 스튜디오 등으로 구성되어있다.

박물관 건물은 1970년대부터 2000년대까지 대통령 관저로 쓰이던 건물을 개조한 것이기 때문에 역사적인 의미도 있다. 1994년 제노사이드 발발의 실질적 도화선이 되었던 '비행기 격추 사건'에서 추락한 비행기 잔해도 이곳에서 볼 수 있다.

칸트하우스박물관 Kandt House Museum

이곳은 자연사박물관으로 쓰이다가 2017년 '칸트하우스박물관'으로 개관했다. 독일의 식민 통치 시절 당시 총독으로 부임한 리처드 칸트가 머무르던 총독부 건물이다. 칸트하우스박물관으로 재단장한 이후에는 르완다의 역사를 소개하는 전시실로 새롭게 꾸며졌다.

전시실은 크게 세 부분으로 나뉘는데 첫 번째는 식민 지배 이전의 르완다, 두 번째는 식민 지배 시절(특히 독일 식민 통치 시절), 세 번째는 과거 르완다 사람들의 삶을 살펴볼 수 있는 갤러리로 구성되어있다. 역사적인 전시 외에도 자연사박물관

반제노사이드박물관

르완다미술박물관

● 칸트하우스박물관에 있는 리처드 칸트 동상

이었을 때부터 있던 뱀과 악어의 사육 전시실도 함께 관람할
수 있다.

　박물관 입구 쪽에 이 박물관 건물의 예전 주인이었던 리처
드 칸트의 동상이 세워져 있다. 칸트하우스박물관은 키갈리
중심가에서 가까우므로 키갈리 시내를 오가며 함께 방문하
면 좋다. 그곳에서 내려다보이는 키갈리 전경 또한 덤으로 얻
을 수 있다.

아픈 현대사,
제노사이드 유적지

제노사이드는 현재의 르완다에 가장 큰 영향을 미친 역사적 사건이자 르완다인에게 여전히 상흔으로 남아있는 현재진행형 사건이다. 르완다 전역에서 학살이 자행되었기 때문에 각 지역에 유적지가 남아있다. 여기에서 소개하는 주요 유적지 외에도 각 지역에 크고 작은 제노사이드 유적지가 있다.

집단학살의 장소였던 제노사이드 유적지는 제노사이드 역사를 일깨우기 위한 방문지로 학생 및 관광객에게 개방되어있다. 제노사이드 추모 기간에는 생존자 및 주민들이 찾아와 추모하는 장소이기도 하다.

무람비 | Murambi Genocide Memorial Site

무람비 지역에 있던 기술학교를 중심으로 이 지역의 투치 사람들이 무참히 살해되었다. 희생자 수는 적게는 3,000여 명에서부터 많게는 5만여 명에 이르는 것으로 추산된다. 이 지역에서 구출된 투치 사람은 단 34명에 불과하다고 한다.

제노사이드 이후 더 이상 학교로 운영하지 않고 제노사이드 유적지로 개조되었으며 희생자들의 유골과 매장 장소까지 함께 둘러볼 수 있다. 집단학살의 희생자들은 이곳의 거대한 무덤에 공동으로 안장되었으며 소수의 생존자는 대부분 다른 곳으로 이주해 정착했다.

기소지 | Gisozi Memorial site

키갈리에 있는 유적지로 가장 많은 수의 투치가 학살당한 곳이다. 2000년에 제노사이드 유적지를 조성하면서 투치와 후투 구분 없이 희생자의 유골을 함께 매장했는데 그 수가 30만 명에 이른다.

유골 외에도 전시실, 도서관 및 갤러리가 함께 있으며 이를 통해 제노사이드에 대한 정보를 전달하고 있다.

기세니 Gisenyi Memorial site

기세니 지역의 제노사이드 유적지는 정부부처 중 청소년 및 스포츠문화부가 주도해 조성된 곳이다. 1만 2,000여 명의 희생자가 이곳에 안장되어있다. 이 지역에서 임바바주 Imbabazu 고아원을 운영했던 미국인 카 Carr 여사의 무덤도 있다.

냐마타 Nyamata memorial site

가톨릭교회였던 이곳에서 제노사이드 기간 동안 살해된 이들은 약 2,500명이다. 희생자의 유골과 옷가지, 소지품들이 전시되어있는데 보관된 유골의 수만 해도 4만 5,000여 명에 이른다.

비세세로 Bisesero Memorial site

르완다 서부 키부예 Kibuye 지역의 유적지로 3만여 명이 사망한 것으로 추정된다. 이곳의 투치인들은 학살에 맞서기 위해 조직을 만들어 저항했으나 무기가 미약하여 결국 대부분 살해당했다.

● 냐마타 제노사이드 유적지

● 비세세로 제노사이드 유적지

이 유적지에는 키부예 지역의 9개 공동체를 의미하는 작은 구조물이 설치되어있는데 제노사이드에 저항했던 당시 희생자들의 정신을 기려 이 지역 사람들은 이곳을 '저항의 언덕'이라고 부른다.

냐루부예 *Nyarubuye Memorial Site*

수녀원이자 학교였던 이곳에서는 2만 명의 사람이 학살당하고 매장되었다. 당시 몇몇 투치 사람은 탄자니아로 탈출을 시도하다가 잔인하게 살해되기도 했다. 현재 수녀원은 추모를 위한 공간으로 쓰이고 있으며 학교는 다른 곳으로 이전해 운영되고 있다.

냔자 *Nyanza Memorial Site*

원래 이곳은 유엔이 운영하는 ETO라는 학교였다. 제노사이드 이전에 유엔은 르완다의 안보를 위해 주둔했으나 제노사이드 발발 이후 철수했다. 르완다 사람들은 학살을 피해 이곳 학교를 찾아왔으나 유엔의 보호를 받지 못하고 무참히 살해당했다. 이곳에서 살해당한 사람은 한 쌍의 후투를 제외하고 모두 투치인이었다고 한다.

키갈리에서 1시간 정도 거리에 있는 부게세라*Bugesera* 지역
의 유적지이다. 제노사이드 기간 동안 많은 사람이 학교나 교
회를 안전한 장소라고 생각해 그곳으로 피신했으나 오히려 그
곳에서 살해당한 경우가 많았다. 이곳 또한 교회였다. 이곳에
서 살해당한 사람은 5,000명 정도이며 대부분 여성과 아이였
다고 한다. 제노사이드 이후에도 건물을 훼손하지 않고 유적
지로 공개하고 있다.

시장에서 르완다 실생활 읽기

　'시장에 가면'은 "시장에 가면 사과도 있고, 딸기도 있고…" 하는 식으로 시장에서 살 수 있는 것들을 하나씩 보태어가며 말을 이어가는 게임이다. 앞에서 무엇을 어떤 순서로 이어갔는지만 기억할 수 있으면 어떤 물건의 이름을 말해도 상관없다. 시장에서는 무엇이든 찾을 수 있고 볼 수 있고 살 수 있기 때문이다.

　나는 다른 나라에 여행을 가면 그 지역 시장에 가보는 것을 좋아한다. 무엇을 사고파는지 두루 살펴보면서 그 지역 사람들의 일상을 느낄 수 있고 시장 특유의 활기에 여행의 기분이 업되기 때문이다.

　르완다에도 사람들이 모이는 시장이 지역마다 있다. 특히 수도인 키갈리에는 다양한 형태의 시장이 있는데 시장마다 느껴지는 분위기가 매우 다르다.

키미롱코시장 *Kimirongko Market*

키갈리의 대표적인 종합 시장이다. 분류별로 구획이 나누어져 있고 농산물 및 청과, 수산물 및 육류, 곡류 및 식품 가공품, 직물 및 의류, 공산품 등 거의 모든 종류의 상품을 구매할 수 있다.

외국인이 방문하면 시장을 안내해주거나 장바구니를 들어주는 일을 하는 일용직 사람들이 입구에서부터 따라붙기도 한다. 안내나 흥정, 운반이 필요할 경우 이들에게 일을 맡기면 편리하게 장을 볼 수 있다. 단순히 둘러볼 목적이라면 필요 없다고 말하고 거절하면 된다. 간혹 집요하게 일을 요구하는 사람이 있더라도 당황하거나 짜증 낼 필요는 없다. 반복해서 거절하면 곧 떠날 것이다.

키미롱코시장은 키갈리에 거주하는 주민에게는 필요한 물품을 구하는 삶의 터전이고 외국인이나 관광객에게는 이들의 삶과 경제를 엿볼 수 있는 좋은 장소이다. 르완다를 방문한다면 한 번쯤은 가보길 권한다. 바구니나 작은 수공예품은 잘 고르기만 하면 기념품점보다 훨씬 저렴하게 구할 수 있다.

냐부고고는 시외/국제 버스 터미널이 있는 지역이다. 다른 도시 또는 국경이 인접한 다른 나라로 이동할 수 있는 교통편이 집중된 지역이라 다른 지역에서 생산된 농산물 또한 가장 먼저 모인다.

농산물 도매시장은 키갈리 외곽에 흩어져 있고, 냐부고고시장은 소매시장의 형태에 가깝다. 규모는 크지 않지만 이곳에서 신선한 농산물과 청과를 구매할 수 있다. 키미롱코시장과는 달리 농산물과 청과만 판매하는 특성화 시장이다.

키갈리 생산자시장*Kigali Farmers and Artisans Market*

생산자시장은 정기적으로 열리는 생산자 직거래 장터이다. 2021년 초까지는 키갈리 시내에 있는 세레나 호텔에서 열리곤 했는데 주최하는 단체에서 루간도*Rugando*에 전용 매장을 열면서 장소도 그쪽으로 옮겼다. 이 시장은 매달 첫째 주 토요일에 열린다. 주로 첫 주에 열리지만 상황에 따라 열리지 않거나 날짜가 변경되기도 한다. 참여자에게는 별도로 개최 안내가 전달되고 일반인에게는 페이스북 페이지 등을 통해 공지하고 있다.

참여자는 주로 소규모 생산자이거나 소상공인들이며 식품

● 키갈리 생산자시장 전경. 한 달에 한 번, 세레나 호텔의 이벤트홀 실내에서 열렸다.

부터 공예품, 분재 식물, 편직물 등 다양한 제품을 판다.

　방문객 대부분이 외국인이라서 상품의 가격대가 높은 편이지만 그만큼 품질 좋은 상품들이 소개된다. 르완다에서 활동하는 외국계 비영리기관이나 사회적기업의 성격을 띠는 기관의 생산품도 쉽게 볼 수 있다. 이런 부분에 관심이 있다면 판매자들과 이야기를 나누면서 그들의 활동에 대한 정보를 얻을 수 있을 것이다.

냐미람보는 르완다에 얼마 없는 이슬람교도들, 즉 무슬림이
거주하는 지역이다. 그러나 이곳에 사는 모든 주민이 무슬림
은 아니다. 키갈리 내에서도 개발이 덜 된 슬럼가이기도 하다.

이곳의 시장은 중고품 위주이며, 특히 다양한 패션 상품(의
류나 신발 등)에 특화되어있다. 좁은 시장길이나 중고 물품 특
유의 무질서한 진열 때문에 외국인이 접근하기에는 쉽지 않
다. 하지만 르완다 사람들에게는 합리적인 가격으로 취향에
맞는 물품을 구매할 수 있는 곳이다. 배달 애플리케이션에
입점해있어서 식료품은 주문배달도 가능하다.

키갈리 도심시장 *Kigali City Market*

시장 현대화의 일환으로 정비된 실내 시장으로 키갈리 중심
가에 위치해 있다. 전통시장이 야외 공간에서 가판을 펼쳐 물
건을 진열하고 판매하는 방식이라면 현대화된 시장은 건물 안
에서 상점 또는 가판을 두고 판매하는 방식이다. 종합쇼핑몰과
전통시장을 결합한 형태로 볼 수 있다.

식자재, 기념품, 직물 등이 층별로 구분되어있어 구매하고
자 하는 상품에 따라 해당 층을 방문하여 구매하면 된다. 정

부는 시장 현대화를 통해 구매 편리성, 환경개선 등의 효과를 기대하고 있으며 순차적으로 다른 전통시장들도 현대화할 계획이다.

화산지형과 고릴라 트레킹

아프리카 여행, 아프리카 관광 하면 대부분의 사람이 초원과 야생동물을 가장 먼저 떠올린다. 동부 아프리카의 세렝게티, 마사이마라와 같은 드넓은 초원, 그 초원에 서식하는 각종 야생동물의 모습은 각종 다큐멘터리와 여행 프로그램을 통해 익히 접했을 것이다. 그렇기 때문에 아프리카 대륙 어디를 가든 야생동물과 마주칠 수 있을 거라는 환상을 가지고 있는 것이다.[*]

실제 대부분의 야생동물은 국립공원과 같은 보호구역에서 서식한다. 과거 밀렵과 사냥이 만연하던 때에 수많은 야생동물

---

[*] 출장이나 방문차 르완다에 방문한 손님들을 맞이하다 보면 "비행기에서 내리자마자 기린을 만날 수 있을 줄 알았다."고 이야기하는 사람들이 적지 않다.

이 급감했고 이를 방지하고 사람과 동물이 공존하기 위해 국립공원 및 보호구역을 만들었다.

르완다에도 야생동물들의 서식지가 있다. 르완다의 동부, 탄자니아 접경지역의 아카게라국립공원 *Akagera National Park* 인데 기린, 얼룩말 등 대표적인 야생동물을 만날 수 있는 초원 지대이다. 하지만 탄자니아, 케냐에 비하면 면적이 작고 개체 수도 적어서 대표적인 관광지로 꼽기에는 아쉬움이 남는다.

르완다의 대표적인 관광자원은 좀 더 특별하다. 멸종위기종인 마운틴고릴라의 유일한 서식지가 르완다-우간다 일대이기 때문이다. '마운틴고릴라'는 르완다의 상징으로 여겨지기까지 한다.

다양한 동물을 보고 싶은 사람들에게는 마운틴고릴라만 내세우는 르완다의 관광상품이 그다지 매력적이지 않을 수 있다. 그러나 야생동물 연구자나 실제 동물들과 눈 맞춤을 하면서 가까이 관찰하고 교감하기를 원하는 사람에게는 더없이 특별하고 소중한 경험을 할 수 있는 곳이 바로 르완다다.

마운틴고릴라는 영장류 중 가장 몸집이 큰 종류로, 아프리카 열대우림에서 서식하는 저지대 고릴라와는 달리 산악지대에 서식한다. 르완다 서부의 화산지형은 마운틴고릴라에게 최적의 서식지로 전 세계 약 1,000여 마리에 불과한 마운틴고릴라 중 약 600마리가 이 일대에 살고 있다.

르완다의 화산지형에는 높은 산봉우리와 화산으로 만들어

진 칼데라호수 등이 분포해 있으며 화산국립공원*Volcanoes Nation-al Park*으로 관리되고 있다. 등산을 좋아하는 사람들에게는 아름다운 환경과 흥미로운 등산코스로 인기를 끌고 있다.

그중 마운틴고릴라 서식지에 해당하는 지역은 엄격하게 출입을 제한하고 있다. 르완다 정부는 마운틴고릴라의 보존과 보호를 위해 보호 요원과 연구원들을 두어 철저하게 관리하고 있으며, 통행료만 1,500달러를 부과할 만큼 다수의 방문은 지양하고 있다.

르완다의 마운틴고릴라 서식지에는 현재 열두 그룹의 마운틴고릴라 가족이 살고 있는데 각 그룹은 하루 최대 1시간까지 관광객과 접촉한다. 허가받은 여행사와 안내 요원을 통해 이들에게 접근할 수 있으며 각 마운틴고릴라 가족별 서식지를 잘 알고 있는 안내 요원이 방문객 그룹을 짜서 마운틴고릴라들의 생활공간까지 안내한다. 이곳 마운틴고릴라들은 경계심이 없어 방문객을 바라보면서 일상 활동을 한다. 불과 몇 미터 앞에서 이들을 관찰하고 눈 맞춤할 수 있다는 것이 이 코스의 최대 장점이다.

르완다의 마운틴고릴라를 이야기할 때 빼놓을 수 없는 것이 '다이앤 포시 고릴라 기금*Dian Fossy Gorilla Fund*'이다. 르완다 정부의 집중적인 관리와 지원이 있기 전부터 마운틴고릴라를 연구하고 보호하는 활동을 해왔던 비영리기관으로, 재단의 이름이기도 한 다이앤 포시가 설립자이다. 다이앤 포시는 미국의 영

● 다이앤 포시 고릴라 기금 웹페이지에 게시된 다이앤 포시의 모습

장류학자로 1967년에 르완다의 화산국립공원에 세계 최초의 마운틴고릴라 연구기관을 설립했고 마운틴고릴라의 개체 추적 보호 활동을 펼친 대표적인 인물이다.

사후 다이앤 포시는 마운틴고릴라 서식지인 국립공원 가까운 곳에 묻혔으며, 그녀의 업적을 기리는 사람들의 발걸음이 계속 이어지고 있다. 다이앤 포시 고릴라 기금은 여전히 가장 활발히 마운틴고릴라 연구를 진행하는 연구기관이다. 마운틴고릴라 보호를 위해 모금된 기금은 마운틴고릴라 보호 활동과 지역사회 지원에 활용되고 있다.

고릴라 이름 짓기

마운틴고릴라는 르완다의 상징과도 같다. 멸종위기종인 마운틴고릴라의 유일한 서식지가 르완다-우간다 일대의 산악지대이기 때문이다. 우간다의 브윈디천연국립공원*Bwindi Impenetrable National Park*과 르완다의 비룽가국립공원*Virunga National Park*이 마운틴고릴라의 서식지이다. 르완다에서 마운틴고릴라를 얼마나 특별하게 생각하는지 알 수 있는 행사가 있는데 바로 '고릴라 이름 짓기' 행사이다.

르완다 전통에서 따온 고릴라 이름 짓기

'고릴라 이름 짓기' 행사는 키냐르완다로는 '크위타 이지나*Kwita Izina*'라고 하며 직역하자면 '이름을 지어주는 것'이다. 매년 새로 태어난 아기 마운틴고릴라에게 이름을 지어주는 것인데 이는 신생아에게 이름을 지어주는 르완다의 전통에서 따온 것이다. 르완다는 전통적으로 아기가 태어나면 축복과 기원을 담아 이름을 지어주는 의식이 있다. 아기가 태어나면 7일째 되는 날 저녁에 이름을 지어주고 아이가 좀 더 자랐을 때 이웃을 초대하여 이를 축하하는 자리를 갖는다.

2005년부터는 수백 년째 이어진 이 전통을 적용하여 아기 마운틴고릴라에 대한 '고릴라 이름 짓기' 행사가 시작되었다. 이 행사가 개최되기 전에는 마운틴고릴라 보호 요원이나 연구자들이 아기 마운틴고릴라를 발견할 때마다 개별적으로 이름을 지어었다고 한다. '고릴라 이름 짓기' 행사는 매년 9월 마운틴고릴라 서식지이자 국립공원이 위치한 무산제에서 열린다.

생태 보존과 지속가능한 관광 유치

이 행사를 위한 특설무대는 대나무를 이용해 거대한 고릴라 형태로 만들어진다. 이 무대에서 그해에 태어난 아기 마운틴고릴라들의 이름을 발표하는데 모든 마운틴고릴라의 이름은 현지어인 키냐르완다 이름이며 그 아기 마운틴고릴라의 특성이나 기원을 담아 이름을 붙인다. 전통 음악과 춤 등 축하 행사가 이어지는데 지역의 예술가와 학생들이 참여하여 무대를 꾸민다. 이 축하 행사는 르완다에서 손꼽히는 관광 이벤트이며 매년 이 행사를 보기 위해 국내외 유명인사는 물론 수많은 관광객이 방문하고 있다.

축하공연 이외에도 이틀간 이어지는 콘퍼런스와 전시회 등이 '고

● 대나무로 만들어진 마운틴고릴라상 무대에서 축하공연을 선보이는 사람들

릴라 이름 짓기' 주간에 열린다. 이때 열리는 콘퍼런스는 '생태 보전과 지속가능한 관광'을 주제로 한 회의 중에서 가장 권위 있는 국제회의로 꼽힌다. '고릴라 이름 짓기' 행사는 단순히 관광객을 유치하는 것뿐 아니라 연구자 및 일반 대중의 참여를 유도하면서 관광 이상의 의미와 효과를 만들어내고 있다.

늘어나는 마운틴고릴라

'고릴라 이름 짓기' 행사와 콘퍼런스로 발생하는 가장 긍정적인 효과는 마운틴고릴라 보존에 대한 관심을 환기시켜 마운틴고릴라 보호와 개체 수 증가에 도움이 되었다는 점이다.

1980년대 기록에는 당시 르완다 비룽가국립공원의 마운틴고릴라가 242마리였는데 현재는 600마리 넘게 생활하고 있는 것으로 파악된다. 다른 모든 유인원의 개체 수가 줄고 있지만 마운틴고릴라는 유일하게 개체 수가 늘고 있다. 개체 수가 늘었다고는 해도 여전히 멸종위기종이긴 하다.

최악의 위기를 넘길 수 있었던 배경에는 정부의 적극적인 관심 환기와 보호, 연구 단체의 활동이 있다. '고릴라 이름 짓기'를 통해 지금까지 이름이 붙여진 마운틴고릴라는 2019년 기준 약 280여 마리에 이른다.

르완다 정부는 마운틴고릴라 보호를 기반으로 '책임관광', '생태관광' 방식으로 마운틴고릴라 관광을 엄격하게 제한하여 운영하고 있다. 마운틴고릴라 보호구역 입장료만 1,500달러로 다른 국립공원 입장료나 트레킹 허가 비용보다 매우 비싸다. 입장료 및 관광 수익을 따져보았을 때 마운틴고릴라 한 마리가 일생 동안 벌어들이는 수익은

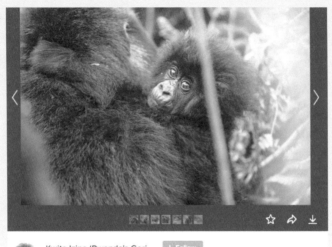

Kwita Izina (Rwanda's Gori... + Follow

Family Group: Pablo | Mother: Teta | Name: Umukuru |
Date Of Birth: 25-Jan-19

Photograph by Gaël Ruboneka Vande Weghe

● 르완다개발청의 홈페이지에서 '고릴라 이름 짓기'에 대한 안내와 정보를 확인할 수 있다. 그해 이름을 받은 모든 아기 마운틴고릴라의 사진과 정보도 함께 공유되어있다.

약 300만 달러에 이를 것으로 본다. 르완다 정부는 이와 같은 책임관광을 통해 동물과 사람 모두가 혜택을 받고 있으며 관광 수익의 약 10퍼센트가 국립공원 주위의 지역사회에 환원된다고 밝혔다. 인근 지역사회 주민들은 국립공원 관리 요원이나 가이드, 연구원 등 마운틴고릴라 보존과 관련한 일자리에 직접 참여하고 있다.

함께 생각하고 토론하기

르완다는 마운틴고릴라 보호에 진심인 나라입니다. 마운틴고릴라가 서식하고 있는 국립공원에 입장하는 비용만 1,500달러(2021년 기준)에 이릅니다. 높은 가격을 책정해 입장객 수를 줄이고 마운틴고릴라 보호와 인근 주민들의 역량 강화, 지역개발 비용으로 활용하고 있습니다.

르완다보다 마운틴고릴라의 개체 수는 적지만 우간다에도 마운틴고릴라가 서식하고 있습니다. 우간다 쪽 국립공원 입장료는 상대적으로 저렴해 르완다의 3분의 1에서 2분의 1의 비용으로 마운틴고릴라를 볼 수 있습니다.

● 무분별한 개발 때문에 서식지를 잃은 동물들은 개체 수가 점차 줄어들고 결국에는 멸종합니다. 이것을 막기 위해 국립공원과 같은 보호구역을 지정하여 동물들의 서식지 파괴나 밀렵을 막고 있습니다. 많은 야생동물이 사는 아프리카 나라에서는 야생동물 투어가 중요한 수입원이 되기도 합니다. 르완다에서 입장객을 줄여가면서까지 입장료를 올린 것에 대해 어떻게 생각하나요?

●● 더 다양한 동식물이 지구에서 살기 위해 우리가 할 수 있는 일은 무엇이 있을까요? 알고 있는 멸종위기 동물에 대해 이야기해보고, 멸종을 막는 것이 왜 중요한지 생각을 나누어봅시다.

아프리카 인식 깨기

이 글을 쓰기 시작했을 때 내가 가진 작은 목표가 있다면 그것은 이 책을 읽는 사람들에게 '르완다 사람들을 이해할 수 있는 맥락을 소개하는 것'이었다. 수년간 아프리카의 여러 나라에서 활동하고 일하면서 아프리카에 대한 인식과 편견을 가진 사람을 많이 만났다. 짧은 시간 동안 유례없는 발전을 이룩한 한국의 자부심이 다른 방향에서는 상대적으로 발전이 더딘 나라들에 대한 무시와 폄하로 나타나는 것을 자주 보았다.

국내 미디어가 다루는 아프리카의 모습은 너무도 한정적이어서 미디어를 통해서 아프리카를 접한 사람들은 쉽게 편견을 가진다. 굶주리고 아픈 사람들, 불결하고 낙후된 환경과 분쟁으로 인한 긴장감 등. 이런 어두운 아프리카의 반대편에 낭만의 아프리카도 있다. 야생동물이 뛰노는 초원이나 원시적인 모습 그대로 사는 원주민 모습들, 우거진 열대우림의 풍경 등이 그것이다. 모두 어느 한 편의 아프리카임에는 분명하나 이것이 아프리카의 전부는 아니다. 마치 국제 뉴스를 통해 한국을 접하는 외국인들이 북한의 도발이나 핵실험 등을 보고 한국이 항상 전시 상태에 있다고 생각하는 것과 마찬가지이다.

최근에는 여행, 출장, 사업 등을 통해 직간접적으로 경험하는 사람이 늘어났지만 여전히 사람들은 아프리카를 잘 모른다. 코끼리를 만지고 있는 장님처럼 자신이 경험한 일부의 사실을 (굉장히 자의적인 해석을 더해서) 전체인 양 받아들이고 이야기한다.

같은 사회에서 자라난 우리도 사람 간에 만나 서로를 이해하려면 적지 않은 시간이 필요하다. 하물며 전혀 다른 역사와 문화를 가진 르완다 사람과 소통하고 그 문화와 사회의 총체인 국가를 이해하려면 더 많은 노력이 필요할 것이다.

이 책을 집필하는 사이 코로나19 바이러스가 발생했고, 이것이 팬데믹으로 번지면서 전 세계가 초유의 '감염병의 시대'를 겪게 되었다. 아프리카 대륙은 의료 인프라를 비롯해 기술 및 인력이 부족하여 감염병 대처에 어려움을 겪을 것이라는 우려가 컸다. 실제 몇몇 아프리카 나라는 질병 관리, 재정 관리에 심각한 어려움을 겪고 있다. 하지만 르완다는 초동 대처에서부터 장기화에 따른 관리까지 비교적 잘 대응하고 있다는 평가를 받고 있다.

이번 코로나19 바이러스 대응에서도 볼 수 있듯 르완다는 그 나라에서 감당할 수 있는 수준과 방식으로 현재를 살고 있다. 선진국 입장에서는 부족하고 낙후된 점이 많을지 몰라도 르완다 내부뿐 아니라 외부에서 발생한 사건에 속수무책으로 휘둘리고 무너지는 '약한 나라'가 아니라는 것이다.

르완다만을 옹호하고자 하는 것이 아니다. 아프리카에 있는 어떤 나라이든 '아프리카'라는 대륙으로 묶어서 판단하고, 편견과 인식으로 가려진 시선으로 바라보는 태도를 바꿔야 한다고 이야기하는 것이다. 편견을 떨쳐내는 가장 좋은 방법은 다양한 관점의 이야기를 듣고 충분한 정보를 취하는 것이다. 이 책에서 소개한 이야기들이 독자들의 시각을 넓히는 데 도움이 되었길 바란다.

참고 자료

- 코이카 르완다사무소. 2014.〈르완다 교육제도 및 현황 분석(학제 및 교육행정 제도를 중심으로)〉
- 존 리더(남경태 옮김). 2013.《아프리카 대륙의 일대기》. 후마니타스
- 세계은행 World Bank https://data.worldbank.org/country/rwanda
- Aspects of Naming in Kinyarwanda, Alexandre Kimenyi (Anthropological Linguistics Vol. 20, No 6, 1978)
- Entrepreneurship Education in Rwanda, Catherine Honeyman. 2014.
- CIA the World Fact Book https://www.cia.gov/library/publications/the-world-factbook/geos/rw.html
- http://cefia.aks.ac.kr:84/index.php?title=%EA%B5%90%EC%9C%A1%EC%A0%9C%EB%8F%84:%EB%A5%B4%EC%99%84%EB%8B%A4#:~:text=%EB%A5%B4%EC%99%84%EB%8B%A4%EB%8A%94%20 3%2D6%EC%84%B8,%EA%B3%A0%EB%93%B1%EA%B5%90%EC%9C%A1%EC%9C%B-C%EB%A1%9C%20%EC%9D%B4%EB%A3%A8%EC%96%B4%EC%A0%B8%20%EC%9E%88%EB%8B%A4.
- https://genocidearchiverwanda.org.rw/
- http://museum.gov.rw/index.php?id=2
- http://rwandapedia.rw/content/umuganda-0

- http://news.khan.co.kr/kh_news/khan_art_view.html?art_id=201006151757305#csidx449e9d9709e3200b-0324622403c2d9b

- http://rgb.rw/fileadmin/Key_documents/HGS/Impact_Assessment_of_Umuganda_2007-2016.pdf

- http://rgb.rw/home-grown-solutions/rwandas-hgs-good-practices/itorero/

- http://rwandapedia.rw/content/girinka

- https://gorillafund.org/

- https://gorillafund.org/kwita-izina/

- https://www.afar.com/magazine/from-the-ashes-rwandas-traditional-imigongo-art-is-on-the-rise

- https://www.aljazeera.com/indepth/features/2017/06/peace-clubs-rwanda-post-genocide-search-renewal-170604161202872.html

- https://www.bbc.com/news/world-africa-27368877

- https://www.nationalgeographic.com/travel/destinations/africa/rwanda/partner-content-next-generation-of-gorillas/

- https://www.nationalgeographic.com/culture/2019/10/how-women-are-remaking-rwanda-feature/

- https://www.newtimes.co.rw/lifestyle/history-itorero

- https://www.newtimes.co.rw/lifestyle/are-wedding-ceremonies-rwanda-exaggeratedhttps://www.newtimes.co.rw/news/97-needy-families-benefit-girinka-programme

- https://www.newtimes.co.rw/news/kagame-mara-phone-milestone-rwanda

- https://www.newtimes.co.rw/news/rwanda-celebrates-umuganura
- https://www.newtimes.co.rw/section/read/213653
- https://www.newtimes.co.rw/section/read/62418
- https://www.newtimes.co.rw/section/read/96438
- https://nyamagabe.gov.rw/index.php?id=38&tx_news_pi1%5Bnews%5D=590&tx_news_pi1%5Bcontroller%5D=News&tx_news_pi1%5Baction%5D=detail&cHash=c80e-6154c8a23521a5246019db04881d
- https://www.nytimes.com/2020/09/17/world/africa/paul-rusesabagina-rwanda-interview.html
- https://www.officeholidays.com/countries/rwanda
- https://www.poverty-action.org/study/teacher-training-and-entrepreneurship-education-evidence-curriculum-reform-rwanda
- https://www.rdb.rw/kwitizina/
- https://www.reuters.com/article/us-rwanda-telecoms-idUSKBN1W-M1TN
- https://www.telegraph.co.uk/travel/maps-and-graphics/safest-countries-in-the-world/
- https://www.visitrwanda.com/interests/gorilla-tracking/
- https://www.who.int/bulletin/volumes/86/11/08-021108/en/

※ 출처가 기재된 이외의 사진은 위키피디아에서 제공받았거나 저자가 직접 찍은 사진입니다.

나의 첫 다문화 수업 01

있는 그대로 르완다

초판 1쇄 발행 2021년 8월 20일
초판 3쇄 발행 2024년 1월 20일

지은이 엄소희

기획 · 편집 도은주
미디어 마케팅 류정화
표지 일러스트 엄지

펴낸이 윤주용
펴낸곳 초록비책공방

출판등록 2013년 4월 25일 제2013-000130
주소 서울시 마포구 월드컵북로 402 KGIT 센터 921A호
전화 0505-566-5522 팩스 02-6008-1777

메일 greenrainbooks@naver.com
인스타 @greenrainbooks
포스트 http://post.naver.com/jooyongy
페이스북 http://www.facebook.com/greenrainbook

ISBN 979-11-91266-18-4 (04900)
세트 ISBN 979-11-91266-17-7 (04900)

어려운 것은 쉽게 쉬운 것은 깊게 깊은 것은 유쾌하게

초록비책공방은 여러분의 의견을 소중히 받고 있습니다.
원고 투고, 오탈자 제보, 제휴 제안은 greenrainbooks@naver.com으로 보내주세요.